Suzanne Fankhauser Katharina Räber Pierre Schluep

Korrespondenz
für Grund- und Weiterbildung

6., überarbeitete Auflage

Weitere Materialien zu diesem Buch: www.hep-verlag.ch

Handbuch für Lehrpersonen
ISBN 978-3-03905-650-7

Suzanne Fankhauser, Katharina Räber, Pierre Schluep
Korrespondenz
für Grund- und Weiterbildung
ISBN 978-3-03905-651-4

Weitere Materialien zu diesem Buch: www.hep-verlag.ch

Grafische Gestaltung: Atelier Kurt Bläuer, Bern

Bibliografische Information der Deutschen Nationalbibliothek:
Die Deutsche Nationalbibliothek verzeichnet diese Publikation
in der Deutschen Nationalbibliografie; detaillierte bibliografische
Daten sind im Internet über http://dnb.d-nb.de abrufbar.

6., überarbeitete Auflage 2011
Alle Rechte vorbehalten
© 2011 hep verlag ag, Bern

hep verlag ag
Brunngasse 36
CH–3011 Bern

www.hep-verlag.ch

Inhalt

Korrespondenz

Vorwort 5

1 Einleitung 7

1.1 Formale Darstellung 8
1.2 Rahmeninformationen zum Brief 8
    Ort und Datum 8
    Adressen 9
    Betreffzeile 10
    Die Anrede 11
    Die Grussform 11
1.3 Musterbriefe 12
1.4 Darstellungsregeln 13

2 Stilistik 17

Einleitung 18
Stiltipps und Übungen 19
Floskeln 31

3 Geschäftsbriefe 33

3.1 Die Anfrage 34
    Beispiele und Aufgaben 35
3.2 Das Angebot/die Offerte 36
    Beispiele und Aufgaben 37
3.3 Die Bestellung/der Auftrag 38
    Beispiele und Aufgaben 39
3.4 Der Widerruf der Bestellung/des Auftrags 40
    Beispiele und Aufgaben 41
3.5 Der Lieferverzug 42
    Beispiele und Aufgaben 43
3.6 Die Mängelrüge 44
    Beispiele und Aufgaben 45
3.7 Die Beantwortung einer Mängelrüge 46
    Beispiele und Aufgaben 47
3.8 Die Zahlungsmahnung 48
    Beispiele und Aufgaben 49

Inhalt

4 Stellenbewerbung, Arbeitszeugnis & Kündigung 51

4.1 Das Bewerbungsschreiben (Motivationsschreiben)	52
Beispiele	53
4.2 Das Personalienblatt/der Lebenslauf	56
Beispiele	58
4.3 Das Arbeitszeugnis	61
Beispiele	62
Interpretation des Inhalts	64
Beispiel und Aufgaben	65
4.4 Kündigung des Arbeitsverhältnisses	66
Beispiele und Aufgaben	67

5 Sonderbriefe 69

5.1 Einladungen und Absagen	70
Beispiele und Aufgaben	71
5.2 Gesuche und Einsprachen	72
Einleitung, rechtlicher Hintergrund zum Gesuch	72
Beispiele und Aufgaben zum Gesuch	74
Einleitung, rechtlicher Hintergrund zur Einsprache	75
Beispiele und Aufgaben zur Einsprache	76

6 Fax und E-Mail 77

Beispiel für eine E-Mail/einen Fax	80

7 Protokoll 81

Beispiele	84

8 Prüfungsaufgaben 89

9 Anhang 93

Musterbriefe im A4-Format	94

Vorwort

Korrespondenz

Das Buch basiert auf den Regeln und Normen des SKV und vermittelt in einer einfachen und klaren Sprache das Grundwissen einer Korrespondenz, bei dem der Kunde/die Kundin bzw. die Praxis im Zentrum steht. Das Lehr- und Lernmittel entspricht damit den Bedürfnissen von Lehrenden und Lernenden, deren Zeit in der vernetzten Kommunikationsgesellschaft oft knapp bemessen ist. Vermittelt werden die wesentlichen Grundlagen der Briefinhalte wie auch des treffenden Schreibstils und – in geraffter Form – **die rechtlichen Hintergründe mit nützlichen Ergänzungen auf dem Internet.**

Die Briefbeispiele des Kapitels 3 «Geschäftsbriefe», einige von Lernenden zur Verfügung gestellt, sind im Anhang in Originalgrösse im A4-Format zu finden und werden zugleich wie andere Beispiele, Aufgaben und Hintergrundinformationen auch im Internet angeboten **(www.hep-verlag.ch).**

Dieses Grundlagenwerk ist im Unterricht vielfältig einsetzbar und eignet sich auch zum Selbststudium. Lösungsvorschläge zu den Aufgaben sind im Handbuch für Lehrpersonen zu finden. Die Autorinnen und Autoren sind Profis, die über langjährige Unterrichtserfahrungen an Kaufmännischen Berufsschulen, Handelsschulen und/oder in Kursen der beruflichen Weiterbildung verfügen. Ein spezieller Dank geht an Frau Anneliese Burren und Herrn Alex Bieli für die kritische Durchsicht des Manuskriptes.

In der vorliegenden 6. Auflage wurden kleine Anpassungen vorgenommen.

Wichtig bleibt nach wie vor das umfassende Angebot auf dem Internet. Das Handbuch für Lehrpersonen (4. Auflage 2011) passt zur vorliegenden 6. Auflage der Ausgabe für Lernende.

Januar 2011

Autorengruppe und Verlag

1 Einleitung

Briefe sind Übermittler von Gedanken und Informationen. Sie sind die Visitenkarte einer Unternehmung oder einer Person.

1 Einleitung

Formale Darstellung/Rahmeninformationen zum Brief

Briefe sind Übermittler von Gedanken und Informationen, die nicht nur klar und treffend formuliert sein, sondern auch durch die äussere Form ansprechend wirken sollen. Im Gegensatz zur E-Mail nimmt die äussere Form des Briefes einen wichtigen Stellenwert ein. Es ist unbestreitbar erwiesen: Briefe sind Visitenkarten, und somit ist die «formale Briefgestaltung» ein Aushängeschild, das schon einiges verrät.

Ob kurz oder lang: Ein Brief muss gezielt wirken und eine überzeugende Einheit von Form und Inhalt bilden. Der erste Eindruck entscheidet. Sauberkeit und rationelle Anordnung eines Brieftextes beeinflussen den Leser nicht unwesentlich.

Das erste Kapitel macht Sie mit den Normen der Briefgestaltung bekannt, die es namentlich in der Geschäftskorrespondenz und im schriftlichen Verkehr mit den Behörden einzuhalten gilt.

1.1 Formale Darstellung

Für die moderne Geschäftskorrespondenz gilt, dass Briefe in der Blockmethode (nicht zu verwechseln mit Blocksatz!) zu gestalten sind.

Verzichten Sie also auf das Einrücken der ersten Zeile eines neuen Abschnittes, wie man es noch vor einiger Zeit als vorbildlich betrachtete.

Briefe werden heute mit Zeilenabstand 1 und in der Schriftgrösse 11 oder 12 geschrieben, üblicherweise in Arial oder Times New Roman.

Der ansprechende Brief ist richtig geordnet: Ähnliche Gedanken sind in einem Abschnitt zusammengefasst, d. h., der Brieftext ist in geeignete und sinnvolle Abschnitte gegliedert. Damit bieten Sie dem Leser Blick- und Orientierungshilfen an. Zwischen den Abschnitten liegt jeweils eine Leerzeile.

Der Einfachheit halber wird in diesem Lehrmittel ausschliesslich die Linksdarstellung verwendet (vgl. Musterbrief 1, S. 15); die Rechtsdarstellung ist natürlich weiterhin korrekt und gebräuchlich (vgl. Musterbrief 2, S. 16).

1.2 Rahmeninformationen zum Brief

Briefe jeglicher Art sind Stellvertreter ihres Absenders, und genauso ist die Geschäftskorrespondenz ein Aushängeschild Ihrer Firma. Ebenso wenig, wie Sie in zerrissenen Jeans Geschäftspartner und Kunden empfangen, schicken Sie unsorgfältig geschriebene Briefe ab. Für alle Formen von «offiziellem» Briefverkehr ist eine saubere und übersichtliche Darstellung unerlässlich. Folgende Normen und Vorschriften sind dabei zu beachten:

Ort und Datum

Das Datum muss rasch und eindeutig lesbar sein.
Angabe des Monats in Buchstaben:
> **13. April 20..**
oder numerische Wiedergabe:
> **13.04.20..**
> **13.04...**

Das Wort «den» nach der Ortschaft ist nicht mehr zeitgemäss. Wenn im Briefkopf die ganze Adresse angegeben ist, sollte beim Datum auf den Ort verzichtet werden.
> **13. April 20..**

Gemäss internationaler Normierung (ISO) wird auch empfohlen:
> **20..-04-13**

1 Einleitung

Rahmeninformationen zum Brief

Adressen

Die korrekte und vollständige Adresse des Empfängers schliesst eine Verwechslung aus und ermöglicht eine rasche Beförderung durch die Post.

Die Postleitzahl und der Ort werden weder unterstrichen noch gesperrt geschrieben, zwischen Strasse bzw. Postfach und Bestimmungsort wird keine Leerzeile eingefügt. Auf diese Weise ist gewährleistet, dass die Adressen durch die Post elektronisch erfasst werden können.

Ausserdem müssen Sie entscheiden, wie schnell Ihre Post bei den Empfängern eintreffen soll, indem Sie die Postlieferungen als A-Post oder B-Post aufgeben. A-Post-Sendungen müssen als solche gekennzeichnet werden. Bei dringenden Lieferungen ist es empfehlenswert, sich zu erkundigen, ob eine Express-Sendung sinnvoll ist oder ob die A-Post-Sendung den gleichen Zweck erfüllt.

Der Zustellnachweis hat Beweiskraft

Sendungen mit wichtigem oder wertvollem Inhalt verschickt man am besten als Sendung mit Zustellnachweis, als Einschreiben (R).

> Sendungen mit Zustellnachweis werden dem Empfänger oder dem Berechtigten nur gegen Unterschrift ausgehändigt. So kann man die Zustellung jederzeit rechtskräftig nachweisen.

> Beim Einschreiben (R) sind ausgewiesene Schäden aus Verspätung, Verlust und Beschädigung bis zum Betrag von CHF 500.– gedeckt.

Laut Schweizer Norm SN 10130 kann die Adresse im Brief links oder rechts stehen. Die wichtigste Bedingung ist, dass die Adresse nach dem Falten des Papierbogens in das Fenster des Umschlags passt. Auch aus diesem Grund wird die Adresse immer mit Zeilenabstand 1 geschrieben.

Aufbau der Adresse

1. Vor- und Nachname des Empfängers
2. Beruf, Branchenbezeichnung (fakultativ)
3. Strasse oder Postfach
4. Postleitzahl und Bestimmungsort

Bei Einzelpersonen oder Einzelfirmen lautet die Anrede «Frau» oder «Herr» («Herrn» ist veraltet).

Herr
Bernhard Brand
(Ingenieur HTL)
Länggassstrasse 112
3012 Bern

Akademische Titel gehören zum Namen. Eine allfällige Berufsbezeichnung steht – wie erwähnt – unter dem Namen.

Frau
Dr. iur. Andrea Bauer
Ringweg 15
4900 Langenthal

1 Einleitung

Rahmeninformationen zum Brief

«An die», «An den» und «An das» sowie «Firma» ist veraltet, auch bei Personengesellschaften.

Feuz & Utz AG
Dachtechnik
Gartenstrasse 30
6300 Zug

«z. H.» und «c/o» sind ebenfalls veraltet. Steht der Name des Adressaten vor dem Firmennamen, ist der Brief dem Empfänger persönlich abzugeben. Steht der Firmen- vor dem Personennamen, ist der Brief nicht persönlich, und der Sekretär/die Sekretärin darf ihn öffnen.

Herr	Feuz & Utz AG
Christian Feuz	Herr Christian Feuz
Feuz & Utz AG	Gartenstrasse 30
Gartenstrasse 30	6300 Zug
6300 Zug	
> persönlich	> nicht unbedingt persönlich

Der Zustellnachweis steht über der Adresse.

Einschreiben	Express
Frau	Herr
Anna Wüthrich	Rudolf Frey
Bergstrasse 17A	Anlageberater
3700 Spiez	Bahnhofstrasse 1
	8610 Uster

Richtet sich der Brief an zwei Personen, sieht die Adresse folgendermassen aus:

Herr und Frau	Frau Beatrice Oberholzer
K. und B. Wirz-Brändli	Herr Kurt Wägli
Hofstettenstrasse 25	Stapfenstrasse 34
3600 Thun	3098 Köniz

Betreffzeile

Die Betreffzeile – auch Infozeile oder Inhaltsangabe genannt – fasst den Briefinhalt in Kurzform zusammen.
«Betrifft», «Betreff» oder «Gegenstand» sind veraltet und werden nicht mehr geschrieben.
Für die Infozeile gilt: gleiche Schriftart und -grösse wie übriger Brieftext, jedoch **fett** und ohne zu unterstreichen.

Ihre Offerte vom 15. April 20..

Ein kurzer Betreff genügt. Längere Betreffzeilen werden zweizeilig geschrieben.

Ihre Stellenausschreibung im «Bund» vom 2. Mai 20..
Kaufmännische Mitarbeiterin (60 %)

1 Einleitung

Rahmeninformationen zum Brief

Die Anrede

In der deutschsprachigen Schweiz hat es sich durchgesetzt, nach der Anrede kein Satzzeichen zu setzen und den Brieftext mit einem Grossbuchstaben zu beginnen.

Der Brief ist an eine bestimmte Person gerichtet:
Allgemein ist üblich, einen Brief mit «Sehr geehrter Herr ...» oder «Sehr geehrte Frau ...» einzuleiten. Es darf ruhig auf die Titel verzichtet werden: Der Direktor Müller wird mit «Herr Müller» und die Regierungsrätin Sommer mit «Frau Sommer» angesprochen. Sogar der Doktortitel darf heutzutage weggelassen werden. Somit sind die folgenden Varianten erlaubt:

Sehr geehrter Herr Brand
Sehr geehrter Herr Dr. Brand
Sehr geehrter Herr Doktor

Der Brief ist an mehrere Personen gerichtet:
Auch wenn der Brief an die Direktion oder Geschäftsleitung einer Firma, an eine Behörde, an den Vorstand eines Klubs oder Vereins gerichtet ist, schreiben wir eine Anrede.

Sehr geehrte Damen
Sehr geehrte Herren
Sehr geehrte Damen und Herren

Die Anrede «Sehr geehrte Damen und Herren» können wir ebenfalls verwenden, wenn wir nicht wissen, an wen der Brief gelangen wird.

Neben diesen Standard-Anreden gibt es einige Alternativen. Welche Sie wählen, hängt davon ab, wie Sie zu Ihrem Briefpartner oder Ihrer Briefpartnerin stehen.

Sehr geehrter Leser   Guten Tag Herr Stalder
Sehr geehrte Inserentin   Lieber Herr Walter
Guten Tag   Liebe Familie Zürcher

Die Grussform

Im Briefschluss sind Grussformel, Firmenname, maschinenschriftliche Angaben der Unterzeichner sowie die Unterschrift(en) enthalten.

Grussformel
> Freundliche Grüsse
> ... und grüsse(n) Sie freundlich
> Mit freundlichen Grüssen*
> Mit freundlichem Gruss*

*Diese Grussformeln sind veraltet.

Firmenname
Er darf in Gross- oder Kleinbuchstaben geschrieben werden.
> Feuz & Utz AG
> FEUZ & UTZ AG

1 Einleitung

Rahmeninformationen zum Brief/Musterbriefe

Bei zwei Bezeichnungen schreibt man die wichtigere in Grossbuchstaben.
> VISANA SERVICES AG
> Leistungszentrum Bern

Unterschriften
Bei Doppelunterschriften unterschreibt die ranghöhere Person links oder in der oberen Position.

Freundliche Grüsse

Allfit AG

[Unterschrift K. König]   *[Unterschrift Petra Schwab]*

ppa.* Kurt König   i. V.** Petra Schwab

oder:

Freundliche Grüsse

Allfit AG

[Unterschrift K. König]

ppa. Kurt König

[Unterschrift Petra Schwab]

i. V. Petra Schwab

1.3 Musterbriefe
(siehe S. 15 und 16)

In der Korrespondenz werden zwei Darstellungsprinzipien unterschieden:

Die herkömmliche Blockmethode (Rechtsdarstellung)
Diese Methode wird seit ca. 1950 verwendet. Sie kennt kein Einrücken mehr; die erste Zeile jedes neuen Abschnitts beginnt am Zeilenanfang. Die Adresse des Empfängers und das Datum stehen auf der rechten Seite des Briefes.

---

*ppa (Prokura), neuer pp
Der Zusatz «ppa» oder «pp» (per procura) bei einer Unterschrift bedeutet, dass der/die Unterzeichnende Prokurist/in im betreffenden Unternehmen ist, d. h., er oder sie muss nicht für jedes einzelne Geschäft die Zustimmung und die Instruktionen des Chefs einholen. Nach Gesetzeswortlaut ist er/sie ermächtigt, den Geschäftsherrn durch alle Arten von Rechtshandlungen zu verpflichten, die der Zweck des Unternehmens mit sich bringen kann. Die Prokura wird übrigens im Handelsregister eingetragen und muss dort am Schluss auch wieder gelöscht werden.
Neben der Prokura gibt es auch noch die Handlungsvollmacht. Der Handlungsbevollmächtigte hat jedoch beschränktere Kompetenzen als die Prokuristin; so darf er nur solche Geschäfte abschliessen, die das Unternehmen gewöhnlich mit sich bringt.
**in Vertretung

1 Einleitung

Darstellungsregeln

Um rationell arbeiten zu können, setzt man den Tabulator für Datum, Adresse und Gruss an die gewünschte Stelle. Obwohl Textverarbeitungsprogramme eine standardisierte Tabulatoreneinteilung bieten, kann diese beliebig neu definiert werden, und das Gleiche gilt für die Randeinstellung. Es ist zu beachten, dass der Rand des ganzen Dokuments links ungefähr doppelt so breit gesetzt wird wie der Rand rechts.

Die moderne Blockmethode (Linksdarstellung)
Diese Darstellungsmethode setzt sich in der Geschäftswelt immer mehr durch. Die äusseren Briefelemente wie Adresse(n), Gruss und Beilage können auf die linke Fluchtlinie gesetzt werden. Die Vorteile sind offensichtlich: Das Setzen von Tabulatoren fällt weg. Die Zeitersparnis beträgt ca. 10 Prozent. Trotzdem wird die Rechtsdarstellung immer noch angewendet.
Beachten Sie grundsätzlich: Beide Schemen sind als Richtlinien zu beachten. Die Anwendung darf in der Praxis je nach Bedarf davon abweichen. Es muss überprüft werden, ob die Empfängeradresse ins Fenster der verwendeten Fenstercouverts passt.
Halbbriefe im Format A5 (hoch und quer) sind in der Büropraxis unbeliebt (Registraturprobleme, Ablage, Entnahme). Insbesondere bei A5-Hochformat sind unpraktische kurze Zeilen und ständiger Zeilenumbruch nicht zu vermeiden.

1.4 Darstellungsregeln

Bitte beachten Sie diese Darstellungsregeln:
Bei Druckschriften unterscheiden wir zwischen:

Divis oder Bindestrich	-	Binde- und Trennstrich, Ersatzstrich
Halbgeviertstrich	–	Von–bis, Gedanken- und Streckenstrich, Rechenzeichen, Vorzeichen und Ersatz für fehlende Ziffern im Fliesstext (anwählen mit Ctrl + Minus)
Geviertstrich	—	Ersatz für fehlende Ziffern bei Beträgen in Kolonnen (anwählen mit Ctrl + Alt + Minus)

Tipp bei automatischer Silbentrennung:
Geschützter Bindestrich   Ctrl + Shift + Minus
Geschütztes Leerzeichen   Ctrl + Shift + Leertaste
(Diese beiden Zeichen sind nur sichtbar, wenn die «nicht sichtbaren Zeichen» eingeschaltet sind.)

Divis

Bindestrich:
> Bei Zahlen   33-jährig
                            50-prozentig (100%ig, aber *100 %*)
                            4-Zimmer-Wohnung
                            20-Franken-Note
> Achtung aber bei: 4fach, 56stel, 8tel, 2003er
> Vornamen   Jean-Pierre
> Doppelnamen   Küffer-Loosli

1 Einleitung

Darstellungsregeln

	> «Bindestrich»	Vitamin-B-Gehalt
	> Ersatzstrich	Hunde- und Katzentoilette
	> Trennstrich	tren-nen
Der Halbgeviertstrich	> Von-bis-Strich	09.00–12.30 Uhr (ohne Leerschlag)
	> Trennungs- und eben	Die Katze trauerte – die Maus war
	> Gedankenstrich	im Loch verschwunden – ihrer Beute nach. (mit Leerschlag)
	> Gegenstrich	FCB – FCZ (mit Leerschlag)
	> Streckenstrich	Genf–Lausanne–Yverdon–Biel (ohne Leerschlag)
	> Rechenzeichen	4 – 3 = 1
	> Fehlende Ziffern	CHF 450.– (Halbgeviertstrich im Fliesstext)
Der Geviertstrich	> Platzhalter für Rappenbeträge	CHF 450.— (Geviertstrich in Tabellen und nur dort!)
Frankenbeträge	CHF 2 346.–	(Tausenderstelle mit Leerschlag)
	CHF 2'346.–	(veraltet, aber bei Banken zur Verhinderung von Fälschungen üblich)
Telefonnummern	Tel. 081 456 45 45	
	Fax 081 245 45 46	
	Mobil 078 347 23 12	
Leerschlag	Vor und nach Zeichen, die ausgesprochen werden oder Satzteile ersetzen, ist ein Leerschlag nötig.	
	Zum Beispiel:	
	Prozentzeichen	65 %; aber 65%ige Lösung
	Rechenzeichen	5 + 5 = 10
	Gradzeichen	19 °C, aber 0° (Winkelmass)
Schrägstrich und Klammern	… schreiben wir ohne Zwischenraum (das Gleiche gilt für Frage- und Ausrufezeichen, Doppelpunkt und Strichpunkt).	
	6./7. Juni 20..	
	(ein Haus)	
	[gelbe Erbsen]	
Abkürzungen	Die Schreibweisen der Abkürzungen entnehmen Sie bitte der neusten Ausgabe des Dudens.	
Anführungs- und Schlusszeichen	… werden ohne Leerschlag geschrieben.	
	Sie fragt: «Kaufst du mir ein Eis?»	

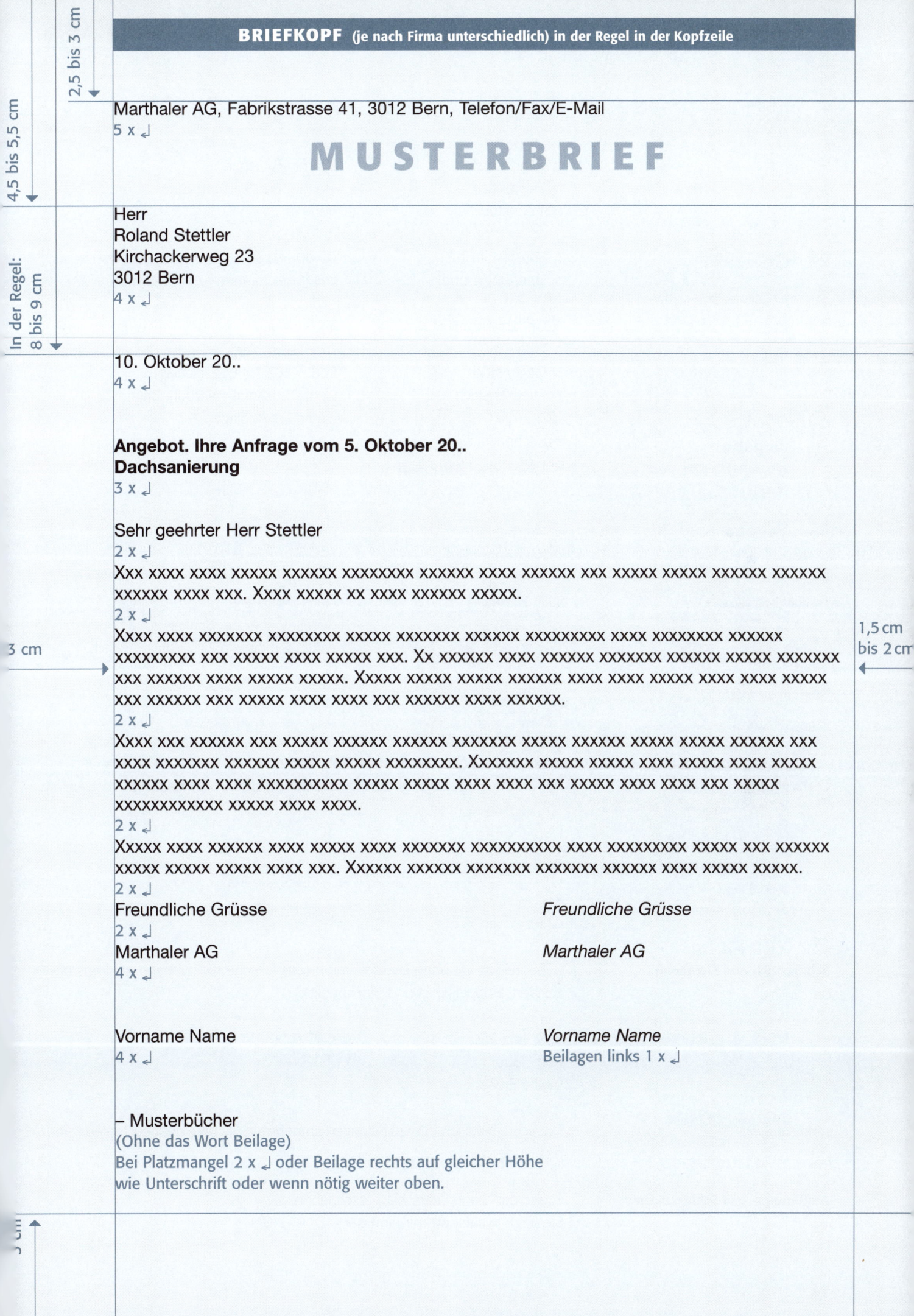

2 Stilistik

… wie wir etwas sagen oder schreiben, auf welche Art wir formulieren …

2 Stilistik

Einleitung

> Etwas so ausdrücken, wie wir es ausdrücken möchten!
>
> Den Leser lieben wie sich selbst: Muten Sie ihm das zu, was Sie von einem Brief erwarten.
>
> Werfen Sie Ballast ab: so viele Worte als nötig, so wenige als möglich.
>
> Korrektes Deutsch – korrekter Stil = flüssiger, verständlicher, ansprechender Text!

Aus dem Wort «stilus» (Pfahl, Stiel, Stift), ursprünglich der Schreibgriffel der Römer, mit welchem man in Wachstafeln ritzte, entwickelt sich «Stylus», die Schreibart.

Wie wir etwas sagen oder schreiben, auf welche Art wir formulieren, prägt unseren persönlichen Stil, ist individuell und einzigartig;
aber: leider oft auch holprig, überladen, langweilig, wiederholend oder gar salopp.

Die Lehre vom guten Stil, die **klare Regeln** für den praktischen Sprachgebrauch festlegt, kann helfen, den eigenen Schreibstil zu verbessern. Das Stilwörterbuch oder andere Stilistikratgeber sind deshalb sinnvolle Hilfsmittel und sollten in keinem Büro fehlen.

In der Geschäftskorrespondenz überwiegt der sogenannte **sachliche Stil,** im Gegensatz zu einem vertraulich-emotionalen im privaten Brief oder einem salopp gehaltenen SMS. Die Einhaltung einer sachlichen Sprache ist nicht immer einfach. Wer sich über eine falsche Lieferung geärgert hat oder von einem Kunden zu Unrecht angerempelt wurde, möchte gerne in entsprechender Manier antworten. **Doch der richtige Ton muss unbedingt eingehalten werden!**

DER GUTE TON

Der Sachstil im Geschäftsbrief ist:
- verständlich
- logisch
- genau
- angemessen
- knapp
- gefällig
- sprachlich korrekt

E-MAIL UND SMS – ABER BITTE MIT (MINIMAL-)STIL

Heute wird ein beträchtlicher Teil des schriftlichen Kontaktes per E-Mail erledigt; so können z. B. Fragen, Auskünfte und Vorschläge zur Lösung eines Problems rasch und auf kostengünstige Weise versandt und bearbeitet werden. Die meisten von uns schätzen diese Art von Kommunikation auch, weil Mail-Botschaften formal und sprachlich oft einfacher verfasst werden als Geschäftsbriefe. Tatsächlich wird bei Mails der sprachlichen Form (Satzbau und Orthografie, Stil) weniger Bedeutung beigemessen. Dennoch gilt: Auch eine Mail-Botschaft lässt sich ausdrucken und lesen wie ein Brief und sollte deshalb genauso eine «Visitenkarte» des Absenders darstellen!

Also: Verständlichkeit, Genauigkeit, Angemessenheit und Gefälligkeit sind auch hier wichtige stilistische Prinzipien!

Das SMS (Short Messages System) hat sich in der Geschäftskorrespondenz nicht durchgesetzt, obwohl aus Italien zu hören war, dass ein Fussballtrainer seine Entlassung per SMS entgegennehmen musste ...

Die elektronische Übermittlung von Kurzbotschaften – sei es künftig in der Korrespondenz oder nach wie vor als rein privates Vergnügen – bedingt einen sehr knappen Stil. Sprachökonomie stösst allerdings dann an Grenzen, wenn der Text schlicht unverständlich wird und der Empfänger/die Empfängerin ob der vielleicht als originell verstandenen Verschlüsselung fast verzweifelt. **Hier gilt letztlich die stilistische Grundregel: Ballast abwerfen und dennoch so viel sagen wie nötig!**

> siehe auch Seite 77 ff.

2 Stilistik

Stiltipps und Übungen

Nomen ade! – Hallo ihr Verben!

Es besteht keine Verpflichtung zur sofortigen Unterzeichnung des Vertrags.
Sie sind nicht verpflichtet, den Vertrag sofort zu unterzeichnen.
Wir machen unsere Kunden mit einem Hinweis auf die Aktion aufmerksam.
Bei unserer Aktion bezahlen Sie nur die Hälfte!

Verbessern Sie die folgenden Sätze:

1. Es erfolgt eine Besichtigung unserer Produktionsanlagen.
   (Im Anschluss...) Wir werden uns die Produktionsanlagen ansehen. / Im Anschluss besichtigen wir unsere Produktionsanlagen.

2. Dafür, dass Sie mein Gesuch einer genauen Prüfung unterziehen, danke ich.
   Ich bedanke mich dafür, dass Sie mein Gesuch überprüfen / genauer prüfen werden.

3. Ich erwarte eine Beantwortung meiner Anfrage innerhalb der nächsten zehn Tage.
   Bitte bearbeiten Sie meine Anfrage innert zehn Tagen. / Ich erwarte eine Bearbeitung innert zehn Tagen.

4. Gerne unterbreiten wir Ihnen folgenden Vorschlag.
   Wir möchten Ihnen folgenden Lösungsvorschlag machen. / Wir schlagen vor ...

5. Wir geben eine Bestellung für Büromaterial auf.
   Wir möchten gerne Büromaterial bestellen. / Wir bestellen Büromaterial.

6. Für Rücksichtnahme in diesem Fall und für entsprechendes Entgegenkommen sind wir dankbar.
   Wir sind dankbar für Ihre Kooperation.

7. Wann gelangt die bestellte Ware in die Auslieferung?
   Wann wird die (bestellte) Ware geliefert?

8. Erfreulicherweise erfahren die Verkaufszahlen unserer neuen Produktelinie eine Zunahme.
   Wir freuen uns, ein Plus im Verkauf der neuen Produktionslinie zu verzeichnen.
   Erfreulicherweise nehmen die Verkaufszahlen unserer neuen Produktelinie zu.
   Die Verkäufe der neuen Linie nehmen zu.

2 Stilistik

Stiltipps und Übungen

Modalverben – zweimal Ü, zweimal O, zweimal Ö – nötig?
… müssen, dürfen, sollen, wollen, können, mögen …

Gerne möchten wir Sie an unsere Jubiläumsfeier einladen.
Gerne laden wir Sie an unsere Jubiläumsfeier ein.
Es freut uns, Sie in unserem Geschäft begrüssen zu dürfen.
Es freut uns, Sie in unserem Geschäft zu begrüssen.

Verbessern Sie die folgenden Sätze:

1. Können Sie am 31. Mai um 15.00 Uhr für ein Vorstellungsgespräch vorbeikommen?
   Gerne laden wir Sie am 31. Mai um 15.00 Uhr zu einem Vorstellungsgespräch ein.

2. Wir könnten Ihnen per Camion die Lieferung zukommen lassen.
   Gerne lassen wir per Camion zu Ihnen liefern.

3. Wollen Sie bitte die drei Formulare unterschreiben.
   Wir möchten Sie bitten, die drei Formulare zu unterzeichnen.

4. Es ist schon lange unser Wunsch, in Bern eine Filiale eröffnen zu können.

5. Wir bedauern, Ihnen eine Absage erteilen zu müssen.

6. Er begrüsst es, Sie beraten zu dürfen.

Adjektive – so freundlich! Gewollt? – Mass halten lautet die Devise!

Wir danken bestens für Ihr freundliches Entgegenkommen.
Vielen Dank für Ihr Entgegenkommen!
Bei weiteren Fragen stehen wir Ihnen gerne jederzeit zur Verfügung.
Für Fragen stehen wir Ihnen gerne zur Verfügung.
Haben Sie Fragen, stehen wir Ihnen zur Verfügung.

Verbessern Sie die folgenden Sätze:

1. Die Aare ist dort wirklich ein recht imposanter Fluss.

2. Zu meinem eigenen Bedauern ist es mir nicht möglich, an Ihrer Feier teilzunehmen.

2 Stilistik

Stiltipps und Übungen

3. Heute scheint mir alles total zu misslingen, arbeite ich doch ohne jeglichen ersichtlichen Erfolg.

   ....

   ....

4. Für allfällige Fragen stehen Ihnen unsere qualifizierten Fachpersonen zur Verfügung.

   ....

   ....

5. Bitte zerreissen Sie den mangelhaften Bericht, der voller Fehler ist.

   ....

   ....

6. Ich gebe wohlweislich die Bestellungen immer unverzüglich auf.

   ....

Partizipien – Hören Sie den Amtsschimmel wiehern? – Vom Aussterben bedroht, zum Glück!

… lachend, gelacht, schreibend, geschrieben …

Der Dienst tuende Arzt hat das Gutachten bereits geschrieben.
Herr Dr. Gerber hat das Gutachten bereits geschrieben.
Nach unserem gestern geführten Telefongespräch …
Nach unserem Telefongespräch von gestern …

Verbessern Sie die folgenden Sätze:

1. Die oben genannte Schülerin ist bis 15. Juli vom Turnunterricht dispensiert.

   ....

   ....

2. Ihnen entgegenkommend gewähren wir Ihnen 15 Prozent Rabatt.

   ....

3. Es gelten unsere getroffenen Abmachungen.

   ....

4. Die von Ihnen ausgeführten Malerarbeiten sind unsorgfältig ausgeführt worden.

   ....

   ....

5. Die im Wohnzimmer angebrachte Farbe weist bereits Blasen auf.

   ....

   ....

6. Streifen aufweisend, sieht der Anstrich der Decke unschön aus.

   ....

2 Stilistik

Stiltipps und Übungen

Superlative – am schönsten fliegt nur Superman!
… der grösste, das neuste, am besten …

Wir danken Herrn und Frau Schwarz für ihre freundlichste Bewirtung.
Wir danken Herrn und Frau Schwarz für ihre Bewirtung.
Die Teilnehmer fanden das Seminar äusserst langweilig.
Die Teilnehmer fanden das Seminar langweilig.

Verbessern Sie die folgenden Sätze:

1. Ihre Auskunft behandeln wir höchst vertraulich.
   ....

2. Wir erwarten eine schnellstmögliche Ausbesserung des mangelhaften Anstriches.
   ....
   ....

3. Unsere neue Bademode kommt bei den jüngeren Kundinnen bestimmt bestens an.
   ....
   ....

4. Wir bedauern den Tod Ihrer Gattin zutiefst.
   ....

5. Als Informatikspezialisten sind wir immer auf dem aktuellsten Stand.
   ....

6. Ich wurde von Ihrem Team auf kompetenteste Weise beraten.
   ....

Fremdwort – Do you speak English? – Manchmal lieber Deutsch!
… aus einem guten Businessman wird eine noch bessere Geschäftsfrau …

Für Ihre prompte Lieferung danken wir.
Für Ihre unverzügliche/rasche Lieferung danken wir.
Bitte retournieren Sie dieses Formular.
Bitte senden Sie uns dieses Formular zurück.

Verbessern Sie die folgenden Sätze:

1. Wir besprechen die Angelegenheit bei einem Business-Lunch.
   ....

2. Die Konferenz findet im Boardroom statt.
   ....

3. Die Sitzung wird auf den 24. März terminiert.
   ....

4. Es ist nützlich, die Präferenzen der Kunden zu kennen.
   ....

2 Stilistik

Stiltipps und Übungen

5. Wegen eines Wasserschadens in unserem Lagerraum müssen wir die Bestellung stornieren.

....
....

6. Der Dresscode in unserer Firma ist nicht mehr aktuell.

....

Wortwiederholungen – Doppelt genäht hält nicht immer besser – und kostet doppelt!
… bitte … bitte … bitte …

Möchten Sie an unserer Feier teilnehmen, melden Sie sich bitte mit dem Anmeldetalon an.
Feiern Sie mit uns! Also dann, Anmeldetalon ausfüllen und sich aufs Fest freuen.
Bei meiner Arbeit kann ich viele Arbeiten selbstständig erledigen.
Bei meiner Arbeit kann ich viele Aufgaben selbstständig erledigen.

Verbessern Sie die folgenden Sätze:

1. Wir haben unsere Möbel aus der Möbelfabrik Aeby in Effretikon.

....

2. Letzten Freitag bin ich in Ihre 3-Zimmer-Wohnung am Langweg eingezogen. Schon bald habe ich festgestellt, dass die Wohnung sehr hellhörig ist, da die Wohnungstür schlecht schliesst.

....
....
....

3. Vielen Dank für Ihr Interesse an unseren Occasionsautos. Gerade letzte Woche sind zwei neuwertige Autos bei uns eingetroffen.

....
....

4. Vor kurzem habe ich mich entschlossen, Klavierstunden zu nehmen, dazu brauche ich ein Klavier zum Üben.

....
....
....

5. Gerne senden wir Ihnen die Prospekte. Sie erhalten diese in der Sendung mit dem bestellten Büromaterial.

....
....

6. Besonders Junge ernähren sich schlecht, weil sie nicht auf gesunde Nahrung achten.

....
....

2 Stilistik

Stiltipps und Übungen

Pleonasmen – schwarze Raben fliegen nicht weiter, schneller, besser!
Ein Rabe ist ein Rabe und fliegt, auch ohne SCHWARZ!

In der Broschüre finden Sie alle Angaben vollständig.
In der Broschüre finden Sie alle Angaben.
In der Broschüre finden Sie die vollständigen Angaben.
Ich konnte mich mit meinen eigenen Augen überzeugen.
Ich konnte mich mit eigenen Augen überzeugen.

Verbessern Sie die folgenden Sätze:

1. Sie pflegt immer abends zu duschen.

   ....

2. Das Schlussfinale der Jubiläumsfeier wird Sie ins Staunen versetzen.

   ....

3. Sie erhalten Ihr Geld zurück, wenn Sie von diesem Artikel nicht zu 100 Prozent voll überzeugt sind.

   ....

   ....

4. Wir wollten bereits schon die Flinte ins Korn werfen und aufgeben.

   ....

5. Diese Tatsachen und Fakten belasten den Angeklagten sehr.

   ....

6. Heute sind es nun fünfzig Jahre her, seit unsere Firma gegründet wurde.

   ....

7. Der Fotokopierer muss neu ersetzt werden.

   ....

8. Die Kandidatin beherrscht drei Fremdsprachen perfekt.

   ....

Passiv-Formulierung – Nur wer aktiv bleibt, ist am Ball!
… «Der Ball wird ins Tor geschossen.» … Keineswegs! Wir punkten selbst!

Als das Teeservice von mir ausgepackt wurde, wurde ich böse überrascht.
Als ich das Teeservice auspackte, erlebte ich eine böse Überraschung.
Die Kunden werden von Herrn Schmid kompetent beraten.
Herr Schmid berät die Kunden kompetent.

Verbessern Sie die folgenden Sätze:

1. Diese Neuerung wird von den meisten Mitarbeitern befürwortet.

   ....

2 Stilistik

Stiltipps und Übungen

2. Die Rechnung vom 15. August 20.. ist von Ihnen noch nicht beglichen worden, obwohl Sie am 26. September von uns erinnert worden sind.

   ....
   ....

3. Es wird für alle Mitarbeitenden vorgeschrieben, dass ihr Schreibtisch jeden Abend aufgeräumt wird.

   ....

4. An der Hauptversammlung wurde vom Vorstand vorgeschlagen, dass der Mitgliederbeitrag erhöht wird.

   ....
   ....

5. In nächster Zeit wird über eine neue Pausenregelung diskutiert.

   ....

6. Der Papierkorb wurde doch von mir geleert.

   ....

Konjunktiv – Warum könnten, wenn Sie können?

Lieber mit der Wirklichkeitsform (Indikativ) sagen, was Sache ist, als mit der Möglichkeitsform (Konjunktiv) Höflichkeit vorgaukeln!

Am Mittwoch könnte ich die Ware bei Ihnen abholen.
Am Mittwoch kann ich die Ware bei Ihnen abholen.
Am Mittwoch ist es mir möglich, bei Ihnen die Ware abzuholen.
Sie sollten das Formular unterzeichnen.
Bitte unterzeichnen Sie das Formular.

Verbessern Sie die folgenden Sätze:

1. Gerne würden wir Sie zu unserem Frühlingsapéro einladen.

   ....

2. Mit dieser Software hätten wir keine Schwierigkeiten.

   ....

3. Wir wären sicher, dass Sie sich als Kunde in unseren neuen Verkaufsräumen wohl fühlen würden.

   ....
   ....

4. Da die Nachfrage gross ist, wären wir darauf angewiesen, dass die Lieferung bereits bis Ende Woche eintreffen würde.

   ....
   ....
   ....
   ....

2 Stilistik

Stiltipps und Übungen

5. Er wäre Ihnen dankbar, wenn Sie ihn bei seiner Arbeit unterstützen würden.

6. Sie hätten diesen Mitarbeiter darauf ansprechen sollen.

DASS-Sätze – Dass, ... in jeder Hinsicht würdelos!
Stellen Sie den Satz einfach um, es funktioniert!

Der Abteilungsleiter schreibt uns vor, dass wir abends alle Fenster schliessen.
Der Abteilungsleiter schreibt uns vor, abends die Fenster zu schliessen.
Dazu kam noch, dass die Ware zu spät bei uns eintraf.
Zudem kam die Ware zu spät bei uns an.

Verbessern Sie die folgenden Sätze:

1. Wir sind überzeugt, dass wir die Angelegenheit rasch bereinigen können.

2. Sie wissen bestimmt, dass wir die Ware so nicht zurücknehmen können, obwohl uns bewusst ist, dass die Lieferung zu spät erfolgt ist.

3. Der Pressesprecher versicherte vor laufender Kamera, dass es nicht zutreffe, dass die Firma Geld veruntreut habe.

4. Ich fürchte, dass es kaum zu verhindern ist, dass bald jeder in der Umgebung weiss, dass die Firma den Konkurs anmelden muss.

5. Wir machen Sie darauf aufmerksam, dass wir mehrmals betont haben, dass diese Zimmerpflanzen sehr empfindlich sind.

2 Stilistik

Stiltipps und Übungen

6. Es ist eine Ausrede, wenn er meint, dass er nicht gewusst habe, dass alle diesen Kurs besuchen müssten.

   ....

   ....

7. Der Kunde wünscht, dass er sein fehlerhaftes Gerät umtauschen kann.

   ....

   ....

8. Wir bitten Sie, dass Sie uns noch diese Woche eine Ersatzlieferung zukommen lassen.

   ....

   ....

Gegenwart – Weshalb in die Ferne (Futur) schweifen, denn das Gute liegt so nah?
Auch im Präsens kommt Ihre Botschaft an – und wirkt erst noch leichter!

Nächste Woche werden Sie das bestellte Büromaterial bereits erhalten.
Nächste Woche erhalten Sie bereits das bestellte Büromaterial.
In vierzehn Tagen wird einer unserer Vertreter bei Ihnen vorbeikommen.
In vierzehn Tagen kommt einer unserer Vertreter bei Ihnen vorbei.

Verbessern Sie die folgenden Sätze:

1. Sie werden die Preisliste noch diese Woche erhalten.

   ....

2. Zufriedene Kunden werden immer eine gute Werbung sein.

   ....

3. Die neue Büroeinrichtung wird Ihnen bestimmt gefallen.

   ....

4. Sie werden mit diesen Anleitungen das Problem lösen können.

   ....

5. Wir werden Ihre Auskünfte vertraulich behandeln.

   ....

6. Die Sitzung wird nächsten Freitag stattfinden.

   ....

2 Stilistik

Stiltipps und Übungen

SIE-Bezug – Höflichkeit ist eine Tugend: Zuerst SIE, dann WIR/ICH!
Mit dem Kunden sofort in Kontakt zu treten ist das A und O!

Wir bieten Ihnen einen After-Sales-Service.
Benutzen Sie unseren After-Sales-Service.
Profitieren Sie von unserem After-Sales-Service.
Ich bitte Sie, das Sitzungsdatum in Ihre Agenda einzutragen.
Bitte tragen Sie das Sitzungsdatum in Ihre Agenda ein.

Verbessern Sie die folgenden Sätze:

1. Wir gewähren Ihnen einen Rabatt von 10 Prozent.

2. Wir laden Sie an unseren «Tag der offenen Tür» ein.

3. Ich repariere Haushaltsgeräte aller Art – ich warte auf Ihren Anruf.

4. Gerne senden wir Ihnen den aktuellen Katalog zu.

5. Ich fordere Sie auf, mir umgehend eine Stellungnahme abzugeben.

6. Wir möchten Sie für ein Bewerbungsgespräch einladen.

Keine Schachtelsätze – In der Kürze liegt die Würze!
Formulieren Sie kurz, treffend und ohne Schnörkel, aber immer höflich!

Bei der Lieferung des Teeservices wurden eine Tasse, der ein Henkel abgebrochen ist, und ein Teller, welcher einen Sprung aufweist, beschädigt.
Beim gelieferten Teeservice waren zwei Stücke beschädigt: Bei einer Tasse war der Henkel abgebrochen; ein Teller wies einen Sprung auf.
Bitte unterbreiten Sie uns ein Angebot für unseren Betriebsausflug, an dem wir vorhaben, mit dem Car an den Lago Maggiore zu fahren und am Mittag am See zu essen.
Bitte unterbreiten Sie uns ein Angebot für den Betriebsausflug. Wir haben vor, mit dem Car an den Lago Maggiore zu fahren und am Mittag am See zu essen.

Verbessern Sie die folgenden Sätze:

1. Indem wir weniger heizen, schonen wir die Umwelt, und ausserdem schonen wir bei diesen hohen Ölpreisen auch noch unser Portemonnaie.

2 Stilistik

Stiltipps und Übungen

2. Soeben stellen wir fest, dass Sie vom Rechnungsbetrag 5 Prozent abgezogen haben, womit wir uns aber nicht einverstanden erklären.

   ....

   ....

3. Wir haben durch die Medien erfahren, dass Sie den Umsatz gesteigert haben, was uns sehr freut, da Sie dadurch wohl ein paar Stellen anbieten können, was wiederum die Wirtschaft in unserem Kanton fördert.

   ....

   ....

   ....

4. Sie erhalten die bestellten Theaterkarten, und wir bitten Sie, innerhalb von zehn Tagen den von Ihnen geschuldeten Betrag auf unser Konto zu überweisen.

   ....

   ....

5. Ich freue mich darauf, Sie bald zu besuchen, was ich nämlich zu tun beabsichtige, wenn ich von meiner Chinareise zurückgekommen bin.

   ....

   ....

6. Wir werden alles vorsehen, damit wir Ihre bestellten Stoffe, die wir unsererseits bei der Firma Lüthi in Rohrbach bestellen, möglichst bald liefern können.

   ....

   ....

7. Nachdem wir nun einen Leitungsrohrbruch erlitten und das Lager geräumt haben, kann ich Ihnen versichern, dass ich wieder bei Ihnen bestelle, sobald unsere Räume wieder trocken sind.

   ....

   ....

8. Nachdem der Motor unseres grossen Kühlers im Verkaufsladen ausgestiegen ist, müssen wir unsere Bestellung von Lebensmitteln, die uns sonst nur verderben, stornieren.

   ....

   ....

2 Stilistik

Stiltipps und Übungen

Stilbrüche – Hand aufs Herz: Ihre Emotionen gehören Ihnen, oder?!
Bleiben Sie in Ihren Briefen sachlich und distanziert, denn Kunden sind grundsätzlich nicht Ihre Kumpel!

Die Verspätung der Lieferung ist für uns unverständlich und völlig daneben.
Die Verspätung der Lieferung ist für uns unverständlich und bringt uns in Schwierigkeiten.
Dass das zu weit geht, leuchtet Ihnen wohl ein!
Wir sind enttäuscht, das verstehen Sie bestimmt!

Verbessern Sie die folgenden Sätze:

1. Eine Renovation duldet zwecks Vermeidung von weiteren Schäden keinen Aufschub.

2. Vielen Dank für Ihre geniale Beratung.

3. Vielen Dank für Ihre Bemühungen.

4. Bitte unterschreiben Sie das Formular und senden Sie es gefälligst an uns zurück.

5. Der miserable Anstrich der Wände spottet jeglicher Beschreibung.

6. Es ist mir zu Ohren gekommen, dass Sie billige Occasionswagen verkaufen.

7. Hiermit bedanke ich mich höflichst und herzlich für Ihre umfassende Offerte.

Grössere Gedankengänge fassen Sie in einem Abschnitt zusammen.
> Schaffen Sie für die Leserin/den Leser optisch Übersicht.

Unser Betriebsjubiläum am 28. Juni 20.. soll ein besonderes Ereignis werden. Aus diesem Grund planen wir einen Ausflug nach Locarno, von wo wir die Brissago-Inseln besuchen möchten. Ihre Firma hat bereits vor zwei Jahren einen Ausflug für uns organisiert, und wir fanden Ihr Preis-Leistungs-Verhältnis hervorragend. Wir sind überzeugt, dass Sie auch diesmal unsere Reise zu einem wahren Erlebnis werden lassen.

Unser Betriebsjubiläum am 28. Juni 20.. soll ein besonderes Ereignis werden. Aus diesem Grund planen wir einen Ausflug nach Locarno; von dort aus möchten wir die Brissago-Inseln besuchen.
Ihre Firma hat bereits vor zwei Jahren einen Ausflug für uns organisiert, und wir fanden Ihr Preis-Leistungs-Verhältnis hervorragend. Wir sind überzeugt, Sie lassen auch diesmal unsere Reise zu einem wahren Erlebnis werden!

2 Stilistik — Floskeln

Wenn die sprachliche Form dem Inhalt entsprechen soll (drücke aus, was du ausdrücken möchtest), dann folgt daraus, Unnötiges, Geschwätziges, Wiederholendes und Sinnentleertes zu vermeiden. Werfen Sie also Ballast ab!

Um herauszufinden, ob Sie eine Floskel verwendet haben, machen Sie die **Weglassprobe: Ändert sich bei Streichung des Wortes der Informationsgehalt?** – Wenn nicht, ist es oft besser, die entsprechende sprachliche Äusserung wegzulassen. Die folgende Liste der häufig verwendeten Floskeln muss aber am eigenen Brieftext überprüft werden. Nicht immer müssen oder wollen Sie auf eine der genannten Floskeln verzichten.

veraltet	besser
Wir bitten höflich / Wir bitten höflichst / Dürfen wir Sie bitten	Wir bitten
Wir danken (recht) herzlich / Wir danken bestens	Vielen Dank für …
Wir haben … dankend erhalten	Wir haben erhalten
Mit vorzüglicher Hochachtung	überflüssig
Wir verbleiben mit freundlichen Grüssen	Freundliche Grüsse
Bezüglich Ihres Anrufes / In Bezug auf Ihren Anruf / Bezug nehmend	oft überflüssig
Beiliegend / Als Beilage / In der Anlage	falsch / überflüssig
Zu Ihrer Kenntnisnahme / Wir nehmen Kenntnis von … / Wir haben Kenntnis erhalten von …	überflüssig
Wir teilen Ihnen mit, dass … / Wir möchten Ihnen mitteilen …	überflüssig
Wir machen Sie darauf aufmerksam, dass …	überflüssig
Wir sind (nicht) in der Lage	Wir können …
Besten Dank, dass Sie uns erlauben …	überflüssig
Wir erlauben uns … / Wir gestatten uns …	überflüssig
diesbezüglich	oft überflüssig
demgemäss	wunschgemäss
obgenannt / oben genannt / oben erwähnt	erwähnt
allfällig / allfällige	oft überflüssig
prompt	rasch, schnell
jederzeit: Für Auskünfte stehen wir jederzeit zur Verfügung	überflüssig
Bestellungen abwickeln	Bestellungen ausführen
anderweitige	andere
angesichts dieser Tatsache	daher, deshalb
ansonsten	sonst, im Übrigen
etwas in Augenschein nehmen	besichtigen
Stets gerne zu Ihren Diensten	überflüssig
in Erwartung / in der Hoffnung	hoffen
insbesondere	besonders
der guten Ordnung halber	überflüssig
raschmöglichst, schnellstmöglich, baldmöglichst	möglichst rasch
schlussendlich	schliesslich, endlich
sicherlich	sicher
solcherart	so
überreichen	senden, schenken

3 Geschäftsbriefe

> **Anfrage**
> **Angebot / Offerte**
> **Bestellung / Auftrag**
> **Widerruf**
> **Lieferverzug**
> **Mängelrüge**
> **Beantwortung einer Mängelrüge**
> **Zahlungsmahnung**

3.1 Die Anfrage

Eine unverbindliche Bitte um Information (Angebot/Offerte)

Gut gefragt, ist halb gewonnen!

Anfrage heisst
- *Beginn einer Geschäftsbeziehung*
- *Grundlage für mehr!*

Bestimmte Anfrage
- Jemand wünscht **genaue** Informationen über eine **bestimmte** Ware oder Dienstleistung.
  Ziel > Ein Angebot/eine Offerte mit detaillierten Angaben (Preis, Lieferfrist, Transportart u. a.)

Unbestimmte Anfrage
- Jemand **interessiert** sich für eine Ware oder eine Dienstleistung und will sich informieren, was es alles gibt.
  Ziel > Prospekte, Kataloge und Preislisten einfordern, damit eine Auswahl stattfinden kann.

DIE 5 ANKER der Anfrage

- Absender, Empfänger, Datum
- **Betreff,** Anrede
- Warum dieser Brief?
- Was will man genau?
- Dank und Gruss

RECHTLICHER HINTERGRUND

Anfrage

Mit einer Anfrage will sich die/der Schreibende bestimmte Informationen über ein Produkt oder eine Dienstleistung beschaffen. Die Anfrage ist grundsätzlich kostenlos, es sei denn, sie erfordert auf Seiten des Angefragten bereits besondere Arbeitsleistungen (z. B. umfangreiche Pläne und Berechnungen eines Architekten, Layoutkonzept einer Werbegrafikerin). Beim Anfordern von Preislisten, Katalogen, Prospekten ist zu beachten, dass vom Anbieter darauf oft Vermerke angebracht werden, welche die Verbindlichkeit des Angebots beschränken oder aufheben.

Merke: Gemäss **Art. 7 Abs. 2 Obligationenrecht** (OR) sind Tarife, Preislisten und dergleichen für den Anbieter grundsätzlich unverbindlich. Und: Eine rechtliche Verpflichtung geht der Schreibende durch eine blosse Anfrage noch nicht ein!

3.1 Die Anfrage

Beispiele und Aufgaben

A

Carlo Truffer, Hafnermeister
Chrottegässli 12, 3065 Bolligen
Fon 031 877 85 10, Fax 031 877 86 17, Mobile 079 445 77 11

20. Juni 200...

Renggli AG
Herr Hans Witschi
St. Georgstrasse 2
6210 Sursee

Anfrage – Anbau nach Minergie-Standard

Sehr geehrter Herr Witschi

Kürzlich habe ich das neue Heim unserer Nachbarn besichtigen dürfen. Das Haus, welches Ihre Firma in Minusio erstellt hat, gefällt mir sehr! Deshalb wende ich mich ebenfalls an Sie!

Meine Werkstatt, wo kunstvolle Öfen hergestellt werden, platzt aus allen Nähten und ich habe beschlossen, das Büro in einem Anbau unterzubringen, um mehr Raum für die Produktion zu schaffen. Zu diesem Zweck muss ich allerdings das bestehende Haus mit einem Baukörper ergänzen. Gerne möchte ich diesen nach Minergie-Richtlinien erstellen lassen. Einen Plan der bestehenden Liegenschaft lege ich Ihnen zur Veranschaulichung bei.

Gegenwärtig kläre ich mit der Gemeinde die Auflagen ab, damit ich so bald als möglich die Baueingabe vorbereiten kann; mir schwebt ein 2-geschossiges Gebäude mit 4 Räumen zu jeweils 15–18 m², einer kleinen Küche und 2 WC/Duschen vor. Kann ich in meiner Nähe möglicherweise ein ähnliches Objekt besichtigen? Wann können Sie für eine Besichtigung der Gegebenheiten vorbeikommen?

Bitte lassen Sie mir vorgängig einige Prospekte von Anbauten zukommen, die sich für Arbeitsräume eignen. Speziell interessieren mich auch Ihre Liefer- respektive Produktionsfristen und der Kostenrahmen für ein derartiges Projekt.

Natürlich möchte ich bald mit dem Bau beginnen, wenn mir die Gemeinde grünes Licht für mein Vorhaben gibt. Deshalb bin ich dankbar, wenn Sie rasch mit mir Kontakt aufnehmen. Sie erreichen mich tagsüber unter den oben aufgeführten Telefonnummern. Ihrem Besuch wie auch den Unterlagen sehe ich gespannt entgegen.

Freundliche Grüsse

C. Truffer

Carlo Truffer

– Gebäudeplan

B

Jürg Affolter
Brüggwiler
6004 Luzern

Frau
Anna Weber
Merbach AG
Kreuzackerstrasse 2
2544 Bettlach

3. September 20..

Anfrage – Klubtrainer mit Klubwappen

Sehr geehrte Frau Weber

Ihr Werbeprospekt «Merbach AG» (Ausgabe August 20..) hat uns angesprochen. Wir sind ein Fussballverein und veranstalten im November unser traditionelles Weihnachtsturnier. Wie jedes Jahr überreichen wir den Gewinnern einen aussergewöhnlichen Preis.

Wir wollen die Sieger mit Klub-Trainingsanzügen überraschen. Diese sollten in der Grösse «L» geliefert werden und das Klubwappen auf der Rückenpartie tragen. Bitte nehmen Sie die beigelegte Abbildung als Vorlage.

In Ihrem Katalog finden Sie auf Seite 7 das gewünschte Modell, welches unserer Vorstellung in Preis, Qualität und Ausführung entspricht (Farbe: blau-gelb). Bitte unterbreiten Sie uns bis Ende Monat ein verbindliches Angebot, damit wir dieses an der nächsten Vereinsversammlung (7. Oktober 20..) vorstellen können.

Die Offerte senden Sie direkt dem Kassier (Ueli Häfliger, Kreuzweg 64, 6006 Luzern). Er wird nach der Vereinsversammlung mit Ihnen Kontakt aufnehmen. Wenn Sie weitere Informationen benötigen, ist Herr Häfliger, Telefonnummer 041 250 65 23, Ihr Ansprechpartner. Sie erreichen ihn zu den üblichen Bürozeiten.

Freundliche Grüsse

Affolter

Jürg Affolter

– Abbildung (Klubwappen)

> Originale siehe S. 94/95 oder unter www.hep-verlag.ch

AUFGABEN

1. 17. März 20..
Im «Bund» vom 12. März 20.. habe ich Ihr Inserat für Kunststoff-Schwimmbecken gelesen.
Vielleicht schicken Sie mir nächste Woche einen Ihrer Berater vorbei, damit wir alles genau besprechen können.
Natürlich sollte das Bassin bereits im Juli benutzbar sein.
Freundliche Grüsse, Marianne Locher
Bassina AG, Frau Ursula Simonis, Schermenweg 15, 3072 Ostermundigen

Schwimmen im eigenen Pool!
Sehr geehrte Frau Simonis
Bitte lassen Sie mich wissen, wie viel ich für den Einbau eines Ihrer Bassins mit allem Drum und Dran rechnen muss.
Wie steht es um Ihre Lieferfristen?
Ich wünsche mir in meinem Garten ein Becken von 10 x 15 m.
Für eine telefonische Anmeldung und Ihr detailliertes Angebot bin ich dankbar.
Ihr Produkt interessiert mich.
Marianne Locher, Seerosenstrasse 3, 8008 Zürich

Ziel > Den vorgegebenen Brief ordnen und regelkonform mit dem Computer darstellen (siehe auch www.hep-verlag.ch).

2. Thomas Brupbacher, Auszubildender im 3. Lehrjahr, beabsichtigt, das Klavierspielen zu erlernen. Zu diesem Zweck muss er sich ein Klavier anschaffen, und er erkundigt sich beim Musikgeschäft Lüthi AG in 8610 Uster nach einem Occasionsinstrument. Er wohnt in einem hellhörigen Mehrfamilienhaus und möchte aus diesem Grund wissen, ob es auch technisch möglich sei, den Klang auszuschalten und auf Kopfhörer zu leiten.

Ziel > Selber einen Brief verfassen, um ein detailliertes Angebot für ein kostengünstiges Instrument zu erhalten (siehe Musterbrief oben).

3. Sie wollen für drei Monate einen Sprachaufenthalt absolvieren und schreiben eine Sprachschule an. Sie knüpfen an Ihren Sprachaufenthalt drei Bedingungen, welche Sie in Ihrem Brief ausformulieren.

Ziel > Eine ansprechende Anfrage für den Sprachaufenthalt verfassen.

3.2 Das Angebot/die Offerte
Der erste Schritt zum Kaufvertrag

Verbindlich
- *Gültig*
- *Das gilt bei uns!*
- *Dafür stehen wir ein!*
- *An diese Angaben werden wir uns mit Sicherheit halten!*
- *Unsere Angaben sind rechtsgültig!*

Das unverbindliche Angebot
- Wir bieten an, was wir verkaufen: Ware oder Dienstleistung. Dazu gehört auch der Preis und die Lieferfrist!

Ziel > Bestellung = Abschluss des Kaufvertrages

Das verbindliche Angebot
Grundsätzlich ist jedes Angebot verbindlich, sofern nichts Gegenteiliges erwähnt ist.
- Wir bieten an, was wir verkaufen: Ware oder Dienstleistung, mit Preis und Lieferfrist, **aber: nur bis zu einem bestimmten Datum, nur für eine bestimmte Menge, nur solange es noch von dieser Sorte/Art etc. hat!**

Ziel > Bestellung = Abschluss des Kaufvertrages

Das Gegenangebot
- Dieses macht der Kunde, weil er zwar am Produkt oder an der Dienstleistung interessiert ist, bestimmte Teile des Angebots ihm aber nicht zusagen; deshalb stellt er Bedingungen: Preis herabsetzen, kürzere Lieferfrist, kleinere Gesamtmenge etc.

Ziel des Kunden > Ein auf ihn zugeschnittenes Angebot, das danach die Grundlage für die Bestellung darstellt.

DIE 5 ANKER des Angebots/der Offerte

A Das unverbindliche Angebot
- Absender, Empfänger, Datum
- **Betreff,** Anrede
- **Dank**
  > für die Anfrage
  > fürs Interesse
- **Das** bieten wir an!
  > Unser Preis.
  > Bis .../dann liefern wir!
- Hoffnung, Eigenwerbung und Gruss

B Das verbindliche Angebot
- Absender, Empfänger, Datum
- **Betreff,** Anrede
- **Dank**
  > für die Anfrage
  > fürs Interesse
- **Das** bieten wir an!
  > Unser Preis, wenn ...
  > Diese Angaben gelten nur .../bis ...
- Hoffnung, Eigenwerbung und Gruss

RECHTLICHER HINTERGRUND

Angebot
Unternehmungen wollen ihre Produkte oder Leistungen anbieten und verkaufen. Bei einem **Kaufvertrag** treffen mindestens zwei Vertragspartner (nämlich Käufer und Verkäufer) gegenseitige Vereinbarungen. Werden sie sich einig, kommt ein Vertrag zustande. Beim Kaufvertrag stellt das **Angebot** den ersten rechtlich relevanten Schritt dar, wobei zwischen **verbindlichem** und **unverbindlichem** Angebot unterschieden werden muss. Erfolgt auf ein Angebot hin eine Bestellung **(Akzept oder Annahme),** so gilt der Vertrag als abgeschlossen (zum Vertragsschluss siehe **Art. 1 bis 9 OR).**

Weitere Informationen:
www.hep-verlag.ch

3.2 Das Angebot/die Offerte — Beispiele und Aufgaben

A

Protecca AG, Unterstände, Garagen, Veloständer
Rüttiweg 9, 3073 Ostermundigen, Fon 031 878 34 22

Herr
Paul Minder
Buchenweg 15
3074 Muri b. Bern

10. Juni 20..

Unterstand für 2 Autos – Angebot

Sehr geehrter Herr Minder

Am vergangenen Donnerstag haben Sie sich mit Herrn Auermann, dem zuständigen Mitarbeiter, getroffen; Sie möchten einen Autounterstand erstellen lassen. Es freut uns sehr, dass Sie sich für unsere Produkte interessieren!

Sie gedenken Ihren Autoabstellplatz in eleganter Form zu überdachen. Die bauseits zu erbringenden Vorleistungen haben Sie bereits erledigt. Einer Holzkonstruktion haben wir im Gespräch den Vorzug gegeben; unser verbindliches Angebot trägt diesem Umstand Rechnung:

Variante Bergamo
Holzkonstruktion, vorgefertigt, auf 6 Pfeilern, weiss gestrichen,
inkl. verzinktem Dachrand, Ablauf, Kiesbett und Mehrjahresbegrünung   CHF 15 000.–

Variante Brescia
Holzkonstruktion, vorgefertigt, auf 5 Pfeilern, grau gestrichen,
inkl. verzinktem Dachrand, Ablauf und Kiesbett   CHF 12 000.–

Unsere Preise verstehen sich einschliesslich Montage vor Ort, jedoch ohne Transportkosten; sie behalten ihre Gültigkeit bis Ende Juli 20..

Lieferfrist   30 Tage nach Eingang Ihres Auftrages
Zahlung   15 Tage, 2 % Skonto; 30 Tage, netto

Sollten Sie sich für einen unserer Unterstände entscheiden, sichern wir Ihnen schon heute eine einwandfreie und termingerechte Ausführung der Arbeiten zu. Gerne erwartet Herr Auermann Ihren Anruf, falls sich noch Fragen zu unserem Angebot ergeben.

Freundliche Grüsse

Protecca AG

ppa. *S. Martino*

Silvio Martino, Geschäftsführer

B

Lüthi AG, Musikgeschäft, Mittelstrasse 3, 8610 Uster
Telefon 01 816 73 41, Fax 01 816 73 51, luethi@piano.ch

Herr
Thomas Brupbacher
Feldstrasse 24
8320 Fehraltorf

27. März 20..

Ihre Anfrage vom 20. März

Sehr geehrter Herr Brupbacher

Vielen Dank für Ihr Interesse an unseren Instrumenten. Gerne unterbreiten wir Ihnen ein vorteilhaftes und verbindliches Angebot.

Letzte Woche wurde uns ein äusserst gut erhaltenes Klavier der renommierten deutschen Marke STEINGRAEBER geliefert. Je nach Mass des Pianos lässt sich die «Silent»-Einrichtung nicht immer installieren, doch bei diesem Instrument war es möglich. Das bedeutet, dass Sie – ganz nach Ihrem Wunsch – den Klang im Raum hören oder nach Einschalten einer Taste auf Kopfhörer umleiten können.

Der Preis für dieses Instrument beträgt CHF 5000.– (inkl. 7,6 % MwSt). Sind Sie vielleicht an einem Miet-Kauf-Vertrag interessiert? So sind Sie nicht verpflichtet, das Klavier sofort zu kaufen, sondern können ein Jahr lang zu einem monatlichen Zins von CHF 85.– mieten. Erst nach Ablauf des Mietjahres entscheiden Sie sich für einen allfälligen Kauf, wobei Ihnen die bezahlte Miete abzüglich 5 % angerechnet wird.

Klaviertransporte sind heikel, das wissen Sie bestimmt. Wir bieten Ihnen diese Dienstleistung für CHF 750.– an. In diesem Preis ist auch das Stimmen inbegriffen.

Entscheiden Sie sich noch heute, dann profitieren Sie zusätzlich von unserem Sonderrabatt für Sommerbestellungen.

Freundliche Grüsse

Lüthi AG

C. Christen

Carla Christen

Antwort zu Aufgabe 2, Seite 35

> Originale siehe S. 96/97 oder unter www.hep-verlag.ch

AUFGABEN

1. Frau Petra Graber, Kleinholzgasse 12, 8202 Schaffhausen, will ihr geräumiges, bereits möbliertes Wohnzimmer umgestalten. Sie gedenkt, sowohl die Möbel als auch die Beleuchtung zu ändern. Sie arbeiten in einem Möbelgeschäft und haben Frau Graber vor drei Tagen in ihrem Haus besucht.
   Ein Umgestaltungsvorschlag wurde bei Ihrem Besuch bereits mündlich besprochen. Nun stellen Sie für alle Neuanschaffungen eine detaillierte Offerte zusammen.
   Ziel > Mit guten Argumenten und einer geschickten Briefformulierung die Kundin definitiv gewinnen.

Begriffserklärung > Ar/gu/ment, n., Beweisgrund, einleuchtende Entgegnung

Als **Argument** (v. lat.: argumentum «Beweisgrund, Beweismittel») wird eine Aussage bezeichnet, die zur Begründung einer anderen Aussage, z. B. einer Schlussfolgerung (der These [Behauptung]) herangezogen wird. Die Darlegung der Argumente zur Untermauerung der These wird als **Argumentation** bezeichnet. Die logisch korrekte Schlussfolgerung aus anderen (wahren) Aussagen bzw. Argumenten bezeichnet man als Beweis.
Argumente dienen dazu, Mitmenschen von der Richtigkeit einer These zu überzeugen.
Argument heisst ein Gedanke, dessen Wahrheit geprüft und durch die Praxis bewiesen ist und der deshalb zur Begründung der Wahrheit oder der Falschheit eines anderen Satzes angeführt werden kann.

Zitat > Schweigen ist ein Argument, das kaum zu widerlegen ist. (Heinrich Böll)

2. Sie besitzen und vermieten Ferienwohnungen in Maienfeld. Soeben haben Sie eine Anfrage erhalten, ob in der Zeit vom 12. bis 26. September eine Wohnung frei sei. Es ist ein Anliegen der Interessenten, ihren Urlaub fernab der Touristenströme zu verbringen. Sie können diesen Wunsch besonders gut erfüllen, da Ihr kleines Haus, das ausserhalb des Dorfes liegt, im Stil des letzten Jahrhunderts eingerichtet ist und ein besonderes Ambiente bietet.
   Ziel > Sie bieten eine originelle Ferienwohnung an, welche den Bedürfnissen von Ruhe suchenden Gästen entspricht.

3. Als Angestellte eines Carunternehmens sind Sie von einer Firma angefragt worden, den Betriebsausflug durchzuführen. Sie unterbreiten ein detailliertes Angebot mit Angaben zu Abfahrts- und Ankunftszeit, Route, evtl. Attraktionen, Verpflegungsmöglichkeiten, Preis.
   Ziel > Ihr attraktives Angebot wirkt überzeugend, und der Kunde wird den Ausflug bei Ihnen buchen.

3.3 Die Bestellung/der Auftrag
Der Vertrag kommt zustande

Nicht vergessen:
- *Präzise bestellen*
- *Genau formulieren*
- *Freude herrscht bei der Lieferung!*

Die Bestellung/der Auftrag
- Wir bestellen eine Ware oder erteilen einen Auftrag für eine Dienstleistung. Dazu geben wir genau an, was wir wann/bis wann wollen und zu welchem Preis.

  Ziel > Lieferung der Ware/Erbringen der Dienstleistung = der Vertrag wird erfüllt!

ACHTUNG > Bestellungen und Aufträge unbedingt schriftlich erteilen, damit jegliche Missverständnisse ausgeräumt werden. Es handelt sich schliesslich um den Abschluss eines Vertrages!

DIE 5 ANKER der Bestellung/des Auftrags

- Absender, Empfänger, Datum
- **Betreff,** Anrede
- Dank
  > fürs Interesse
  > für das Angebot mit Prospekt
- a) **Das** bestellen wir/geben wir bei Ihnen in Auftrag.
  b) **Das ist der Preis, den wir bezahlen werden.**
  c) **So lange** müssen wir warten/**an diesem Tag** erledigen Sie die Arbeit.
- Hoffnung auf **einwandfreie Ware/Lieferung/Ausführung** und Gruss

RECHTLICHER HINTERGRUND

Bestellung/Auftrag
Wie wir gesehen haben, braucht es für das Zustandekommen eines Vertrages eine sog. gegenseitige, übereinstimmende Willensäusserung **(Art. 1 OR).** Ein Angebot oder ein Gegenangebot stellt eine solche Willensäusserung dar. Ein Vertrag ist dann zustande gekommen, wenn ein Angebot oder ein Gegenangebot vom Empfänger innerhalb eines gewissen Zeitrahmens **(Art. 4 oder 5 OR)** vorbehaltlos angenommen wird und damit auch die zweite, übereinstimmende Willensäusserung (Annahme) vorliegt. Die Parteien sind sich in diesem Fall einig geworden. Diese Annahme kann z.B. durch eine Bestellung resp. Auftragserteilung erfolgen.

Weitere Informationen:
www.hep-verlag.ch

3.3 Die Bestellung/der Auftrag — Beispiele und Aufgaben

A

FAMBA Baugenossenschaft
Philippe Sandino
Bümplizstrasse 45
3007 Bern

25. Juni 20..

Schottoni Storen AG
Frau Susanne Greinder
Rosenweg 78
8008 Zürich

Metallstoren – Bestellung

Sehr geehrte Frau Greinder

Für das detaillierte Angebot vom 15. Juni 20.. danken wir bestens. Ihre Modelle sprechen unsere Baufachleute in allen Belangen wirklich an! Auch erscheinen uns die Lieferbedingungen für den geplanten Umbau der Liegenschaft Meisenweg 15 in 3035 Langnau ideal; speziell begrüssen wir Ihre kurze Lieferfrist!

Unsere Bestellung

Anzahl	Artikel-Nr.	Beschreibung	Masse	Stückpreis	Gesamtpreis
20	57-116	Lamellen-Aussenstoren, Metall, mit Handkurbel	180 x 220 cm	CHF 287.–	CHF 5740.–
10	58-116	Lamellen-Aussenstoren, Metall, mit Automatik	90 x 220 cm	CHF 220.–	CHF 2200.–
30	52-248	Lamellen-Innenstoren, Metall, mit Schnurzug	110 x 220 cm	CHF 140.–	CHF 4200.–

Zahlung 10 Tage, 2 % Skonto, 30 Tage netto
Lieferung Bitte weisen Sie Ihren Camionneur an, die Storen zwischen dem 15. und dem 20. Juli 20.. an der oben erwähnten Adresse bei Herrn Moretti, unserem Bauführer, abzugeben. Er wird die Montage im Anschluss mit seinen Fachleuten koordinieren.

Ihre Auftragsbestätigung erwarten wir in den nächsten Tagen, vielen Dank.

Freundliche Grüsse

FAMBA Baugenossenschaft

Philippe Sandino, Geschäftsführer

B

hep der bildungsverlag
www.hep-verlag.ch

Herr
Michael Sommer
Sonnmatt
7001 Chur
Fax +41 (0)81 327 13 50

23. Januar 20..

Korrigierte Fassung

hep verlag ag
Brunngasse 36
Postfach
3000 Bern 7

Sehr geehrter Herr Sommer

Wie mit Peter Egger vereinbart, erhalten Sie morgen per Post die korrigierte Fassung für folgende Werke:

Göldi Handbuch Kommunikation
Gasser Lehrbuch Didaktik

Die definitive Version der Umschläge ist noch nicht bei uns angekommen. Wir wollen nicht ins Hintertreffen geraten, damit der Erscheinungstermin eingehalten werden kann. Bitte lassen Sie uns diese per Fax bis Ende der Woche zukommen.

Tel. 031 310 29 29
Fax 031 312 44 45
info@hep-verlag.ch

Freundliche Grüsse

Andreas Tschöpe

> Originale siehe S. 98/99 oder unter www.hep-verlag.ch

AUFGABEN

1. Sie bestellen für Ihre Abteilung bei einem Grossisten (Büroworld, 2502 Biel) Büromaterial. Sie beziehen sich auf eine Werbebroschüre der Firma «Büroworld», die Sie letzte Woche erhalten haben.

2. Ihre Firma bestellt bei einem Lieferanten Dekorationsmaterial für das Firmenfest. Sie haben die verschiedenen Artikel im Internet begutachtet und verfassen jetzt eine Bestellung.

Ziel > Eine komplette, termingerechte Lieferung zu guten Konditionen erhalten.

Ziel > Eine vollständige, termingerechte Lieferung erhalten.

3.4 Der Widerruf der Bestellung/des Auftrags
Der Vertrag ist ungültig

Es eilt!
- *Sofort reagieren*
- *Mittels Fax oder E-Mail*
- *Danach: Konventionelle Bestätigung = Einschreiben, per Post*

Annullierung der Bestellung/des Auftrags
- Wir haben eine Ware bestellt/einen Auftrag erteilt, doch nun hat sich die Sachlage verändert, und wir müssen unseren Auftrag zurückziehen. Damit der Lieferant/Dienstleister keinen Schaden erleidet, muss der Widerruf/der Rückzug im gleichen Zeitraum wie der Auftrag/die Bestellung eintreffen; deshalb wird diese Mitteilung oft per Fax oder E-Mail versandt, wobei die Ankunftssicherheit nicht gewährleistet ist; ein Einschreiben mit Express-Zustellung bleibt vorläufig wohl die sicherste, aber auch die teuerste Zustellform.

Ziel > Lieferung der Ware/Erbringen der Dienstleistung verhindern und keine Kosten verursachen! = kein Vertragsabschluss

ACHTUNG > Ein Widerruf kommt einem Rücktritt vom Vertrag gleich; die schriftliche Formulierung ist deshalb zwingend!

DIE 5 ANKER des Widerrufs

- Absender, **Einschreiben**/Empfänger, Datum
- **Betreff**, Anrede
- a) **Bezug** auf die Bestellung: **Das** haben wir **heute** bestellt.
  b) **Widerruf mit Begründung: Deshalb** müssen wir zurücktreten!
- Entschuldigung, Hoffnung auf Verständnis und Entgegenkommen
- a) **Die Stimmung heben:** Später bestellen wir wieder, klar!
  b) Gruss

RECHTLICHER HINTERGRUND

Widerruf des Angebotes bzw. der Bestellung

Mit dem Eingang der Bestellung (rechtlich betrachtet, der Annahme des Angebots) gilt der Kaufvertrag grundsätzlich als abgeschlossen, und die Vertragsparteien haben sich an die Abmachungen zu halten. Was aber kann der Kunde tun, wenn er seine Bestellung bereut und den Vertrag nicht einhalten möchte? Nach **Art. 9 OR** besteht die Möglichkeit, die Bestellung zu widerrufen.

Voraussetzung ist aber, dass der Widerruf entweder vor oder spätestens zusammen mit der Bestellung beim Lieferanten eintrifft! Hier ist somit schnelles Handeln gefragt, und der Widerruf muss schneller übermittelt werden als die Bestellung selber (z. B. Faxschreiben an den Lieferanten, bevor die Bestellung per Briefpost bei ihm eingeht). Trifft der Widerruf der Bestellung zu spät – d. h. erst nach der Bestellung – beim Lieferanten ein, sind die Voraussetzungen von

Art. 9 OR nicht erfüllt. Der Lieferant muss diesen unzulässigen Vertragsrücktritt seines Vertragspartners nicht akzeptieren und kann auf der Vertragserfüllung beharren oder Schadenersatz verlangen **(Art. 97 ff. OR)**. Die gesetzliche Regelung des Widerrufs gilt übrigens nicht nur für die Bestellung, sondern genauso für den Auftrag. Auch der Lieferant kann somit sein Angebot unter den Voraussetzungen von **Art. 9 OR** rechtzeitig widerrufen, ohne vertragsbrüchig zu werden.

3.4 Der Widerruf der Bestellung/des Auftrags

Beispiele und Aufgaben

A

Blumen Création
Susanne Braun
Brünnenstrasse 88
3600 Thun

Einschreiben

Haller AG
Blumen und Pflanzen en gros
Frau Karin Haller
Seedorfweg 12
3012 Bern

24. März 20..

Widerruf der Bestellung

Sehr geehrte Frau Haller

Heute Morgen habe ich Ihnen telefonisch mitgeteilt, dass meine Bestellung vom 22. des Monats hinfällig geworden ist. Ich bitte Sie deshalb, mir die 60 weissen Lilien und 30 Mohnblumen nicht zu liefern.

Ein Todesfall in der Familie veranlasst mich, mein Geschäft für die nächsten vierzehn Tage zu schliessen und sofort zu meiner Familie nach Hamburg zu fahren, um die Beerdigungsformalitäten zu erledigen. Die bestellten Blumen waren für einen Grossauftrag gedacht, den ich unter den gegebenen Umständen nicht erfüllen kann und an einen Kollegen weitergegeben habe.

Dass ich nun für die bestellte Ware keine Verwendung habe, werden Sie bestimmt verstehen. Selbstverständlich können Sie zu einem späteren Zeitpunkt wieder mit meinen Bestellungen rechnen.

Für das Verständnis danke ich Ihnen.

Freundliche Grüsse

Blumen Création

Susanne Braun

– Kopie des Bestellscheins

B

Blumen Création
Susanne Braun
Brünnenstrasse 88
3600 Thun

Der Brief als Fax

Fax 031 302 48 57

Haller AG
Blumen und Pflanzen en gros
Frau Karin Haller
Seedorfweg 12
3012 Bern

24. März 20..

Widerruf

Sehr geehrte Frau Haller

Heute Morgen habe ich Ihnen telefonisch mitgeteilt, dass meine Bestellung vom 22. des Monats hinfällig geworden ist. Ich bitte Sie deshalb, mir die 60 weissen Lilien und 30 Mohnblumen nicht zu liefern.

Ein Todesfall in der Familie veranlasst mich, mein Geschäft für die nächsten vierzehn Tage zu schliessen und sofort zu meiner Familie nach Hamburg zu fahren, um die Beerdigungsformalitäten zu erledigen. Die bestellten Blumen waren für einen Grossauftrag gedacht, den ich unter den gegebenen Umständen nicht erfüllen kann und an einen Kollegen weitergegeben habe.

Dass ich nun für die bestellte Ware keine Verwendung habe, werden Sie bestimmt verstehen. Selbstverständlich können Sie zu einem späteren Zeitpunkt wieder mit meinen Bestellungen rechnen.

Für das Verständnis danke ich Ihnen.

Freundliche Grüsse

Blumen Création

Susanne Braun

– Kopie des Bestellscheins

> Originale siehe S. 100/101 oder unter www.hep-verlag.ch

AUFGABEN

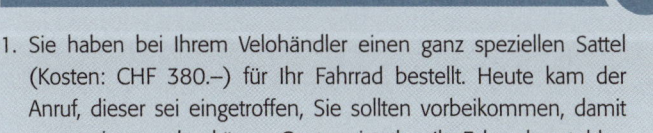

1. Sie haben bei Ihrem Velohändler einen ganz speziellen Sattel (Kosten: CHF 380.–) für Ihr Fahrrad bestellt. Heute kam der Anruf, dieser sei eingetroffen, Sie sollten vorbeikommen, damit er montiert werden könne. Gestern ist aber Ihr Fahrrad gestohlen worden. Sie benötigen den Sattel also nicht mehr und haben dies dem Händler anlässlich Ihres Anrufs bereits mitgeteilt. Bestätigen Sie den Widerruf schriftlich.

   Ziel > Auf schriftlichem Weg den Velohändler über die eigene Lage informieren und Verständnis wecken.

2. Als Inhaber eines Dorfladens sehen Sie sich gezwungen, eine Bestellung von Tiefkühlprodukten zu widerrufen. Der Motor des Tiefkühlers ist defekt, ein Ersatz muss bei der Firma «Electrolux» bestellt werden und trifft wahrscheinlich erst in zwei Tagen bei Ihnen ein.

   Ziel > Beim Lebensmittelgrossisten Verständnis für Ihre missliche Lage wecken, sodass er Ihre Bestellung sofort storniert.

3.5 Der Lieferverzug
Die terminliche Vereinbarung im Kaufvertrag wird verletzt

Mahngeschäft

Lieferung
- *bis Ende Monat*
- *innerhalb von zwei Wochen*
- *nach Eingang der Bestellung*
- *in den nächsten Tagen/Wochen*
- *bis spätestens 15. des Monats!*

Fixgeschäft

Lieferung
- *am 10. des Monats*
- *am Sonntag um 11.30 Uhr zum Brunch*
- *zur Turnierparty am 25. des Monats*
- *zur Eröffnungsfeier*

Das Mahngeschäft
- Wir haben eine Ware oder Dienstleistung bestellt, und der Lieferant oder Dienstleister hat sich verpflichtet, die Ware oder die Leistung **innerhalb einer Frist** zu liefern bzw. zu erbringen. Situation: Die Ware ist nicht eingetroffen – die Dienstleistung ist nicht erfolgt.
  Ziel > Rasche, sofortige Lieferung/Dienstleistung!

Das Fixgeschäft
- Wir haben eine Ware oder Dienstleistung bestellt, und der Lieferant oder Dienstleister hat sich verpflichtet, die Ware oder die Leistung an **einem bestimmten Datum** zu liefern bzw. zu erbringen. Situation: Die Ware ist nicht eingetroffen – die Dienstleistung ist nicht erfolgt.
  Ziel > Keine Lieferung/Dienstleistung mehr, aber Schadenersatz, d. h. Mehrkostenübernahme!

ACHTUNG > Wenn ein Schaden entstanden ist und man die Mehrkosten zurückerstattet haben will, dann braucht es Beweise für den entstandenen Schaden; also: Belege dem Brief unbedingt beilegen!

DIE 5 ANKER des Lieferverzugs

A Das Mahngeschäft
- Absender, Empfänger, Datum
- Betreff, Anrede
- In Erinnerung an die Bestellung:
  > Das haben wir bestellt!
  > Lieferung: innerhalb von …/bis …
- Reklamation, Lieferaufforderung
  > Frist überschritten, keine Lieferung
  > Bitte: Lieferung! Nachfrist setzen!
  > Keine Lieferung > Folgen!
- Unverständnis (warum keine Info?), evtl. Enttäuschung, Hoffnung auf rasche Lieferung und Gruss

B Das Fixgeschäft
- Absender, Empfänger, Datum
- Betreff, Anrede
- In Erinnerung an die Bestellung:
  > Das haben wir bestellt!
  > Lieferung: **bestimmter Tag/** zu dieser Zeit
- Reklamation
  > Keine Lieferung! > Unmut
  > Warum?
  > Ersatz beschafft > siehe Abrechnung (Mehraufwand!) und Quittung!
- Enttäuschung, Hoffnung auf rasches Rückerstatten der Mehrkosten und Gruss

RECHTLICHER HINTERGRUND

Lieferverzug
Nach Abschluss des Vertrages müssen sich die Parteien an ihre Abmachungen halten. Tun sie das nicht, begehen sie, rechtlich gesehen, eine Vertragsverletzung und können von ihrem Vertragspartner dafür zur Rechenschaft gezogen werden – er kann bspw. Schadenersatz verlangen. Der Lieferverzug stellt eine solche Vertragsverletzung dar: Der Lieferant hält sich hier nicht an den vereinbarten Liefertermin.
Was kann der Kunde tun? In jedem Fall muss er den Lieferanten noch einmal zur Lieferung auffordern. Die weiteren Rechtsbehelfe unterscheiden sich je nachdem, ob ein sogenanntes Mahngeschäft **(OR Art 107)** – darunter wird ein übliches, «normales» Geschäft verstanden – oder ein Fixgeschäft **(OR Art 108)**, ein Geschäft auf einen bestimmten Termin, vorliegt.

Weitere Informationen:
www.hep-verlag.ch

3.5 Der Lieferverzug

Beispiele und Aufgaben

A

Garage Emil Meinard
Loryweg 5
3007 Bern

Technomilling
Herr Ulrich Hegi
Hauptstrasse 12
3600 Thun

17. November 20..

**Der Winter kommt – wir warten …
Wo bleibt Ihre Lieferung?**

Sehr geehrter Herr Hegi

Vor einem Monat habe ich 5 Kartons Sechskant-Radschrauben Molinari bei Ihnen bestellt. Sie haben mir zugesichert, diese bis spätestens 12. November zu liefern. Bis heute habe ich die Schrauben nicht erhalten. Das bringt mich in Schwierigkeiten! Was ist passiert?

Bitte lassen Sie mir die 6-Kanter bis spätestens 20. November zukommen. Meine Kunden möchten den Radwechsel jetzt vornehmen. Dazu brauche ich die Schrauben, da immer wieder welche fehlen und der Kunde auf sofortigen Ersatz angewiesen ist.

Sie haben sich weder telefonisch gemeldet noch eine Verzögerung bei der Lieferung schriftlich angekündigt. Das verstehe ich nicht, und Ihre Haltung enttäuscht mich, zumal ich ein langjähriger, pünktlich zahlender Kunde bin.

Ich rechne fest damit, dass die 5 Schachteln bis 20. November bei mir eintreffen. Sollten Sie diesen Termin nicht einhalten, muss ich mich nach einem anderen Lieferanten umsehen. Ich hoffe, Sie ersparen mir diesen Schritt!

Freundliche Grüsse

E. Meinard
Emil Meinard

– Kopie Ihrer Auftragsbestätigung

Beispiel Mahngeschäft

B

Hans Marusi
Bummi 2
3074 Muri

Catering-Service Malibu
Herr Jürg Windisch
Bühlweg 48 d
3073 Gümligen

2. November 20..

Einweihung der neuen Werkstatt

Sehr geehrter Herr Windisch

Am 20. Oktober haben meine Frau und ich mit Ihnen alle Einzelheiten, die unsere Feste vom 31. Oktober betrafen, besprochen; wir vereinbarten, dass Sie sich um das Catering kümmern. Per Fax haben Sie uns die Lieferung der Kürbissuppe für 28 Personen ins Gemeindehaus Muri auf 22 Uhr zugesichert. Wir verstehen deshalb nicht, warum Sie uns ohne jegliche Meldung im Stich gelassen und nicht geliefert haben!

Gegen 22.30 Uhr, alle Gäste waren schon ziemlich ungeduldig, haben wir uns in der Not an «Pizza Veronesi» gewandt und innerhalb von 35 Minuten 22 Mini-Pizzen erhalten – ein willkommener warmer Imbiss, den Kinder wie Erwachsene sehr schätzten. Natürlich musste ich dafür einen höheren Preis bezahlen als für einen Teller Suppe.

Gemäss meiner Abrechnung ergeben sich für uns Mehrkosten von CHF 85.50. Die entsprechenden Unterlagen habe ich zusammen mit einem Einzahlungsschein beigelegt. Ihre Überweisung erwarte ich in den nächsten Tagen.

Bisher bin ich mit Ihrem Service stets zufrieden gewesen; diesmal haben Sie mich allerdings mehr als enttäuscht.

Freundliche Grüsse

Hans Marusi
Hans Marusi

– Abrechnung
– Quittung, EZ

Beispiel Fixgeschäft

> Originale siehe S. 102/103 oder unter www.hep-verlag.ch

AUFGABEN

1. Sie haben bei der Firma «Light und Sound» einen Beamer bestellt. Der Verkäufer hat Ihnen schriftlich eine pünktliche Lieferung zugesagt. Der Liefertermin des Beamers ist seit einer Woche verstrichen. Sie fordern den Verkäufer in einem Brief auf, seiner Zusicherung nachzukommen.

   Ziel > Den Beamer mit «Verspätungsrabatt» so schnell als möglich erhalten.

2. Sie informieren Ihre Kunden in einem Rundschreiben, dass Ihre Firma mit der Auslieferung eines bestimmten Artikels in Verzug geraten ist.

   Ziel > Sie informieren Ihre Kunden über den Lieferverzug. Mit geschickter Formulierung den Kunden auf spätere Lieferung vertrösten.

3.6 Die Mängelrüge

Die Lieferung/Leistung gibt zu Klagen Anlass

Ersatzlieferung/Reparatur
— *z.B. bei einer defekten Maschine*

Gutschrift
— *z.B. bei Vorauszahlung und einem Defekt, der nicht (mehr) behoben werden kann*

Minderung
— *z.B. bei verderblicher Ware, die rasch verkauft werden muss (besser weniger Geld als gar keins!)*

Wandelung
— *Rücktritt vom Vertrag, z.B. wenn die ursprünglich bestellte Ware aus dem Sortiment gefallen ist.*

Die Mängelrüge

- Das ist passiert: Wir haben eine Ware oder Dienstleistung bestellt, und der Lieferant oder Dienstleister hat
  > geliefert, aber die Ware ist **mangelhaft.**
  > die Leistung erbracht, aber **nicht einwandfrei.**
- Das müssen wir tun:
  > die Ware/Leistung kontrollieren.
  > den Mangel sofort klar und verständlich beschreiben.
- Im Anschluss: Unseren Erledigungsvorschlag unterbreiten:
  a) auf eine Ersatzlieferung/Reparatur pochen oder b) einen Preisnachlass (Minderung) fordern oder c) vom Vertrag zurücktreten (Wandelung), wenn die Varianten a) oder b) nicht möglich sind.
  Ziel > Mit der Beanstandung der gelieferten Ware/erbrachten Leistung Vorschlag unterbreiten und Lösung erwirken.

ACHTUNG > Die Ware darf nie ohne Rücksprache mit dem Lieferanten zurückgeschickt werden! Ausnahme: Platzgeschäft (Lieferant und Kunde befinden sich am selben Ort). Grund: Transportkosten! Verkneifen Sie sich Ausfälligkeiten, bleiben Sie immer höflich! > Angemessen im Ton darf Ihr Brief aber durchaus Unmut widerspiegeln! > Das Wort «Mängelrüge» wird als Betreff nie gebraucht!*

DIE 5 ANKER der Mängelrüge

- Absender, Einschreiben*/Empfänger, Datum
- Betreff, Anrede
- In Erinnerung an die Bestellung:
  > Das haben wir bestellt!
  > Sie haben geliefert/die Leistung erbracht! Merci! Aber: Wir sind nicht zufrieden!
- Reklamation
  > Unsere Kontrolle ergab diese Mängel (beschrieben); Enttäuschung bekunden.
  > Das muss jetzt geschehen (eine passende Variante wählen!): Reparatur/Ersatz/Mängelbereinigung/Preisnachlass/Vertragsrücktritt.
- Hoffnung auf Zustimmung (Vorschlag) und rasches Handeln ausdrücken; Gruss > Protokolle, Fotos, Expertisen etc. unbedingt beilegen!

*Unbedingt als Einschreiben verschicken!

RECHTLICHER HINTERGRUND

Die Parteien haben einen gültigen Kaufvertrag (Art. 184 ff. OR) oder Werkvertrag (Art. 363 ff. OR) abgeschlossen. Beim Kaufvertrag erwirbt der Käufer einen bestimmten, bereits bestehenden Gegenstand, beim Werkvertrag ist das Werk durch den Unternehmer erst noch herzustellen. In beiden Fällen hat der Käufer/Besteller Anspruch auf die Lieferung einwandfreier Ware bzw. Leistung. Er muss die Lieferung genau überprüfen und allenfalls sofort Mängelrüge (Art. 201 OR für den Kaufvertrag, Art. 367 OR für den Werkvertrag) erheben. Sehr wichtig ist es hier, dass der Kunde die Rügefristen einhält. Diese Rügefristen gelten grundsätzlich aber nur für die sog. «offenen Mängel»; die sog. «versteckten Mängel» können auch noch zu einem späteren Zeitpunkt, nämlich bei deren Entdeckung, geltend gemacht werden – allerdings zeitlich nicht unbeschränkt (siehe Internet). Ist die Rügefrist gewahrt, stehen dem Kunden gegenüber dem Lieferanten verschiedene Rechtsbehelfe zur Verfügung, je nach Schwere des Mangels und je nachdem, ob ein Kaufvertrag oder ein Werkvertrag vorliegt (siehe Internet). Mögliche Rechtsbehelfe sind die Minderung, die Wandelung, beim Werkvertrag das Recht auf Nachbesserung und beim Kauf von Gattungsware das Nachlieferungsrecht (siehe Internet). Der Kunde hat auch hier ein «Wahlrecht» für denjenigen Rechtsbehelf, mit dem ihm am meisten gedient ist.
Weitere Informationen:
www.hep-verlag.ch

3.6 Die Mängelrüge — Beispiele und Aufgaben

A

Saronno SA
15, rue du Rhône
2500 Bienne

Einschreiben

WALTIS AG
Frau Ursina Magalan
Lötschbergstrasse 34
3700 Spiez

22. November 20..

Büromöbel USM
Ihre Lieferung vom 19. November 20..

Sehr geehrte Frau Magalan

Am letzten Freitag haben wir die bestellten 10 Rollboys wie angekündigt erhalten; besten Dank für Ihre pünktliche Lieferung.

Bei der Eingangskontrolle ist uns aufgefallen, dass
– mehrere Schubladen ausgesprochen schlecht laufen,
– einige Griffe bereits zerkratzt sind
– die Farbe von 3 Möbeln grosse Differenzen zu den anderen 7 aufweist (siehe Foto).

Wir erwarten, dass die beanstandeten Griffe und Laufschienen ersetzt werden. Wann kann Ihr Monteur bei uns vorbeikommen?

Zu den Farbdifferenzen: Diese werden wir wohl in Kauf nehmen müssen, doch erscheint uns ein Preisnachlass von 10 % angemessen, nicht zuletzt auch deshalb, weil wir bisher ausgesprochen gute Geschäftsbeziehungen gepflegt haben und Sie uns als fristgerecht zahlenden Kunden kennen.

Vielen Dank für Ihre rasche Antwort.

Freundliche Grüsse

Saronno SA

ppa. Maria Giovannini

– Foto

B

Coop Früchte und Gemüse, Schwarzenburgstrasse 124, 3006 Bern
Fax 0041 31 371 25 08
coopfruit.be@coop.ch

Fax-Mitteilung

Fax 0039 74 34 57 79
Italfruit SpA
Signora Antonia Sanchiara
Frutta e Verdura
I-12346 Catania

7. April 20..

Früchte aus Sizilien – Beanstandung

Sehr geehrte Frau Sanchiara

Pünktlich haben wir heute Morgen Ihre Lieferung Erdbeeren erhalten; besten Dank. Wie bereits telefonisch mitgeteilt, erlebten wir bei der Kontrolle der Früchte eine böse Überraschung: Rund ein Drittel der 40 Cageots Erdbeeren waren schimmlig! Die Expertisen-Fotos und den Kurzbericht unseres Mitarbeiters, Herrn Mollet, erhalten Sie in zweifacher Ausfertigung per Post.

Stunde um Stunde verlieren die Beeren an Wert. Wir müssen also rasch handeln und eine Lösung finden. Deshalb unterbreiten wir Ihnen folgenden Vorschlag: Noch heute bieten wir die Früchte im Rampenverkauf an, wo nicht ganz einwandfreie, preisreduzierte Ware direkt an Detailkunden verkauft wird, zum halben Preis, d.h. CHF 2.–/ Körbchen. Sind Sie damit einverstanden?

Wir benötigen Ihre Stellungnahme per Fax oder E-Mail in den nächsten 2 Stunden.

Das nächste Mal erwarten wir wiederum eine einwandfreie Lieferung!

Freundliche Grüsse

COOP Früchte und Gemüse

i. V. Heinz Oberli

> Originale siehe S. 104/105 oder unter www.hep-verlag.ch

AUFGABEN

1. Sie haben zum Lehrabschluss eine wertvolle Uhr von Ihrem Arbeitgeber erhalten. Leider läuft diese seit einer Woche ungenau, obschon Sie die Uhr kaum getragen haben. Sie schreiben der Uhrenfirma und bitten diese, die Mängel der Uhr kostenlos zu beheben. Die Garantie ist bereits abgelaufen.

   Ziel > Rasche Instandsetzung der Uhr erreichen.

2. Sie beschweren sich bei einer Firma über eine fehlerhafte Dienstleistung oder über ein fehlerhaftes Produkt. Verfassen Sie die Mängelrüge, und geben Sie zwei mögliche Lösungsvorschläge an.

   Ziel > Eine rasche Antwort mit einem verbindlichen Lösungsvorschlag erhalten.

3. Sie haben Ihren bestellten Hometrainer per Post erhalten. Das Gerät ist in Einzelteilen geliefert worden, welche der Kunde montieren muss. Beim Auspacken stellen Sie sofort fest, dass nur ein Pedal vorhanden ist. Ausserdem fehlt die Anleitung, wie die Teile zusammengesetzt werden müssten. Sie schreiben eine Mängelrüge und betonen, dass Sie das Gerät dringend für Ihr Training benötigen.

   Ziel > Möglichst schnell das fehlende Material erhalten.

4. Vor zwei Tagen sind Sie in eine neue Wohnung eingezogen. Vom Vermieter haben Sie das Übergabeprotokoll zwar erhalten, doch mussten Sie bald feststellen, dass die Telefonleitung nicht funktioniert. Da Sie einen Teil Ihrer Arbeit zu Hause erledigen, sind Sie auf Ihr Faxgerät und auf das Internet angewiesen. Der Pikettdienst der Swisscom stellt fest, dass die Maler, welche die Wohnung frisch gestrichen hatten, eine Relaisstelle der Leitung unterbrochen hatten. Sie beschreiben dem Vermieter diesen Sachverhalt in einem Brief.

   Ziel > Ihnen wird der Betrag von CHF 220.– für den Pikettdienst der Swisscom vom Vermieter zurückerstattet.

3.7 Die Beantwortung einer Mängelrüge
Die Antwort auf eine Beanstandung

Ersatzlieferung/Reparatur: JA, wenn
- *kostengünstig*
- *rasch möglich*
- *sinnvoll*

Gutschrift: JA, wenn
- *guter Kunde*
- *Ware bereits bezahlt*
- *weitere Bestellungen sicher folgen*

Minderung: JA, wenn
- *es eilt*
- *Totalverlust droht*
- *der Kunde dies wünscht*

Wandelung: JA, wenn
- *der Vertrag nicht erfüllt werden kann!*
- *keine anderen Möglichkeiten (mehr) bestehen/in Frage kommen*

Auf eine Mängelrüge antworten
- Das ist passiert: Wir haben eine Ware geliefert oder eine Dienstleistung erbracht, doch die Ware/Leistung wird vom Kunden beanstandet; eine Mängelrüge ist bei uns eingegangen.
- Das müssen wir jetzt tun:
  > Den Kunden um Entschuldigung bitten!
  > Die Beanstandung ernst nehmen und den Lösungsvorschlag des Kunden gründlich prüfen!
  > Wenn immer möglich den Vorschlag des Kunden annehmen!
- Im Anschluss:
  > Das weitere Vorgehen beschreiben.
  > Den Kunden versöhnlich stimmen, um ihn nicht zu verlieren!

  Ziel > Den Kunden besänftigen und den entstandenen Schaden bereinigen bzw. wiedergutmachen!

ACHTUNG > Soll die Ware zurückgeschickt werden, müssen Sie dies dem Kunden ausdrücklich mitteilen und ihm zusichern, die Transportkosten-Auslagen zurückzuerstatten!

> **Verzichten Sie auf einen Schlagabtausch mit dem Kunden! Sie riskieren, ihn zu verlieren, insbesondere wenn Sie an seinen wahrheitsgetreuen Aussagen bzw. Angaben zweifeln.**
> **Führen Sie das Problem auf sachliche Weise einer Lösung zu!**
> **Der Ausdruck «Beantwortung der Mängelrüge» wird als Betreff nie verwendet!**

DIE 5 ANKER der Antwort auf eine Mängelrüge

- Absender, Einschreiben/Empfänger, Datum
- Betreff, Anrede
- In Erinnerung an die Lieferung:
  > Das haben wir geliefert!
  > Sie sind mit unserer Ware/Leistung nicht zufrieden, haben sich beschwert!
  > Wir bedauern den Vorfall und bitten um Entschuldigung!
- Umgang mit der Beanstandung:
  > Schadensbegrenzung!
  > Sie sind enttäuscht; wir verstehen das!
  > Den Kunden besänftigen! Wir sind erstaunt!
  > a) Sie machen uns einen Vorschlag: Wir sind einverstanden!
  > b) Den Kundenvorschlag teilweise annehmen/ganz ablehnen; Gegenvorschlag unterbreiten.
  > Das ist jetzt zu tun/das haben wir eingeleitet.
- Hoffnung, dass der Kunde zufrieden sein wird, sich so etwas nicht wiederholt … und Gruss

RECHTLICHER HINTERGRUND

Beantwortung einer Mängelrüge
Wie oben aufgezeigt, hat der Kunde Anspruch auf Lieferung einwandfreier Ware bzw. Leistung, und der Lieferant ist verpflichtet, diesen Anspruch zu erfüllen. Will oder kann er dies nicht, so stehen dem Kunden aus der mangelhaften Lieferung/Leistung verschiedene Rechtsbehelfe sowie u. U. ein Anspruch auf Schadenersatz zu **(Art. 191 OR** für den Kaufvertrag, **Art. 368 OR** für den Werkvertrag).

Will sich der Lieferant diesen Schadenersatzansprüchen und allenfalls sogar gerichtlichen Streitigkeiten entziehen, so hat er auf eine begründete Mängelrüge seines Kunden einzugehen und den darin an ihn gestellten Forderungen nachzukommen.

3.7 Die Beantwortung einer Mängelrüge

Beispiele und Aufgaben

A

WALTIS AG
Lötschbergstrasse 34
3700 Spiez

Saronna SA
Frau Maria Giovannini
15, rue du Rhône
2502 Biel

27. November 20..

**Büromöbel USM
Ihre Beanstandung vom 22. November 20..**

Sehr geehrte Frau Giovannini

Bei der Eingangskontrolle der 10 Rollboys ist Ihnen aufgefallen, dass
– mehrere Schubladen schlecht laufen,
– einige Griffe zerkratzt sind und
– die Farbe von 3 Möbeln grosse Differenzen zu den anderen 7 aufweist.

Wir verstehen, dass Sie enttäuscht sind. Schliesslich handelt es sich um ein Produkt, welches für erste Qualität bürgt und im oberen Preissegment angesiedelt ist; da sollten derartige Mängel nicht vorkommen. Bitte entschuldigen Sie!

Zu Ihrem Vorschlag:

1. Griffe und Laufschienen
   Natürlich werden wir Ihnen die beanstandeten Rollboys ersetzen. Der Monteur, Herr Urs Miltener, wird sich in den nächsten Tagen mit Ihnen in Verbindung setzen, um einen Termin zu vereinbaren.

2. Farbdifferenzen
   Diese lassen sich leider nicht ganz vermeiden; die entsprechende Information dazu finden Sie in unseren Bestellungsunterlagen. Um Ihnen dennoch entgegenzukommen, stimmen wir einem Preisnachlass von 5 % zu. Sind Sie damit einverstanden?

Wir versichern Ihnen, dass Derartiges nicht mehr vorkommt und Sie in Zukunft wieder auf einwandfreie Ware zählen können.

Freundliche Grüsse

WALTIS AG

ppa. Ursina Magalan

B

Italfruit SpA
Antonia Sanchiara
Frutta e Verdura
I-12346 Catania

Fax-Antwort

Fax 0041 37 371 25 08
COOP Früchte und Gemüse
Herr Heinz Oberli
CH-3006 Bern

13. April 20..

Lieferung Erdbeeren, teilweise verdorbene Ware

Sehr geehrter Herr Oberli

Besten Dank für Ihre Fax-Mitteilung. Wir bedauern den Zwischenfall ausserordentlich! Trotz sofortiger, intensiver Nachforschungen ist es uns bisher nicht gelungen, den Grund für den Schimmelbefall herauszufinden. Sobald wir mehr wissen, werden Sie informiert.

Ihrem Vorschlag, die beanstandeten Beeren im Rahmen eines COOP-Rampenverkaufs zum Preis von CHF 2.–/Körbchen zu verkaufen, stimmen wir selbstverständlich zu. Vielen Dank für Ihr rasches Handeln.

Für die Unannehmlichkeiten, die Ihnen durch unsere mangelhafte Lieferung entstanden sind, bitten wir Sie um Entschuldigung. Inskünftig dürfen Sie wieder mit einwandfreier Ware rechnen. Als kleine Entschädigung haben wir unserem Chauffeur heute zusätzlich zu den bestellten Himbeeren «Maria-Chiara» 2 Cageots der Sorte «New Age» mitgegeben. Diese sind für Sie gratis. Hoffentlich munden sie Ihnen und dem Team!

Freundliche Grüsse

Italfruit SpA

Antonia Sanchiara

> Originale siehe S. 106/107 oder unter www.hep-verlag.ch

AUFGABEN

1. Ein verärgerter Kunde beschwert sich brieflich bei Ihrem Betrieb über eine fehlerhafte Lieferung. Er will, dass Sie ihm den gekauften Artikel ersetzen.
   Sie antworten dem Kunden. Den Artikel können Sie nicht ersetzen. Sie bieten ihm eine Wandelung an.
   Ziel > Sie begründen im Brief Ihren Entscheid, wecken durch geschicktes Formulieren Verständnis beim Kunden.

2. In Ihrem Geschäft meldet sich eine Kundin per Mail. Diese Kundin hat einen Artikel aus Ihrem Sortiment gekauft, der ihr nicht im gewünschten Zustand nach Hause geliefert wurde. Die Kundin zeigt drei Lösungsvorschläge auf.
   Sie besänftigen die aufgebrachte Kundin in Ihrem Antwortschreiben und gehen auf eine ihrer Forderungen ein.
   Ziel > Ihre Entscheidung begründen, sich für die fehlerhafte Lieferung entschuldigen, die Kundin in der Kundenkartei behalten.

3. Sie arbeiten im Büro eines Malereibetriebes. Eine Kundin beschwert sich, dass eine Arbeit in ihrer Wohnung unsorgfältig ausgeführt wurde. Die Kundin legt ihrem Brief auch Beweismaterial (Fotos) bei.
   Sie sind der Meinung, dass der Schaden durch Feuchtigkeit entstanden und nicht auf die ausgeführte Arbeit zurückzuführen ist. Sie sind aber bereit, einen Mitarbeiter für eine Schadensbegutachtung bei der Kundin vorbeizuschicken.
   Ziel > Verständnis bei der Kundin für die Vorgehensweise wecken, Termin für die Schadensbesichtigung erhalten.

4. Sie haben in einer Garage einen Gebrauchtwagen gekauft. Dieser Wagen wurde Ihnen mit einer 3-monatigen Garantie übergeben. Bereits nach kurzer Zeit (innerhalb der Garantiefrist) stellen Sie drei Mängel am Fahrzeug fest, welche Ihrer Ansicht nach von der Garage gratis behoben werden müssten.
   Brief 1: Sie schreiben der Garage eine Mängelrüge.
   Ziel > Die Garage soll die Mängel unentgeltlich beheben.

   Brief 2: Personenwechsel. Sie sind der Garagist und wollen nur zwei dieser Mängel gratis beheben. Der dritte Mangel ist Ihrer Ansicht nach durch den unsachgemässen Gebrauch des Fahrzeuges entstanden. Sie würden bei der Reparatur dem Kunden preislich entgegenkommen, als Garantiearbeit sehen Sie dies allerdings nicht.
   Ziel > Reparaturauftrag erhalten und den Kunden zufriedenstellen.

3.8 Die Zahlungsmahnung
Der Kunde bezahlt unsere Rechnung nicht

Mahnungen
- *Alle Belege sind Beweise*
- *Höflich, aber bestimmt auftreten*
- *Ratenzahlungen annehmen*
- *Besser das Geld in Tranchen als nie!*

Die Mahnung
- Wir haben Ware geliefert oder eine Dienstleistung erbracht und dem Kunden dafür Rechnung gestellt. Nun hat dieser aber innerhalb der vereinbarten Frist nicht bezahlt; deshalb fordern wir ihn zur Zahlung auf. Es ist üblich, den Kunden vor einer möglichen Betreibung 1 bis 3 Mal zu mahnen.
Ziel > Der Kunde bezahlt unsere Rechnung!

ACHTUNG > Betreibungen sind unangenehm, weil sie Umtriebe verursachen und zu Beginn zusätzlich Geld kosten; zudem schaden sie den Geschäftsbeziehungen. Wir werden deshalb jede Möglichkeit nutzen, um diesen Schritt zu vermeiden! Gut gemahnt ist also schon halb gewonnen!

DIE 5 ANKER der Mahnung

1. Mahnung
- Absender, Empfänger, Datum
- Betreff, Anrede
- In Erinnerung an die Rechnung[*]:
  > Gelieferte Ware/erbrachte Leistung
  > Datum
  > Betrag
  > Frist: zu bezahlen bis …
- Zahlung ausgeblieben!
  > Versehen? Vergessen gegangen?
  > Aufforderung zur Zahlung[**]
  > Nachfrist: bis …
- Hoffnung auf rasches Begleichen der Rechnung und Gruss

[*] Kopie Rechnung/Kontoauszug beilegen!
[**] Einzahlungsschein beilegen

2., 3. und/oder letzte Mahnung
- Absender, Empfänger[*], Datum
- Betreff, Anrede
- In Erinnerung an die 1. Mahnung
  > 1. Zahlungsaufforderung: Datum
  > Gelieferte Ware/erbrachte Leistung, Rechnungsdatum/-nummer, Betrag, Frist[**]
  > Frist: nicht eingehalten!
- Dringende Zahlungsaufforderung
  > Frist überschritten, weder Zahlung noch Nachricht seitens des Kunden
  > Enttäuschung und Unverständnis (Warum keine Info?)!
  > Eigene Lage: Geld wird gebraucht!
- Hoffnung …
  > auf rasche Zahlung[***]; sonst: drohende Betreibung > vermeiden!
  > … und Gruss

[*] Einschreiben zwingend!
[**] Kopie Rechnung/Kontoauszug beilegen!
[***] Einzahlungsschein beilegen

RECHTLICHER HINTERGRUND

Zahlungsmahnung
Wie der Lieferant einwandfrei liefern bzw. leisten muss, so ist auch der Kunde zur pünktlichen Zahlung verpflichtet. Ist die Kaufpreisschuld fällig und die Zahlung noch ausstehend, muss der Lieferant den Kunden zunächst einmal mahnen und ihm eine weitere Zahlungsfrist ansetzen. Diese **Mahnung** setzt den Schuldner, juristisch gesehen, in Zahlungsverzug **(Art. 102 Abs. 1 OR)**. An diesen Zahlungsverzug sind verschiedene Rechtsfolgen geknüpft; unter anderem schuldet der Kunde nun einen Verzugszins von 5 % **(Art. 104 OR)**. Erst wenn der Schuldner auf die zweite oder sogar dritte Mahnung nicht reagiert hat, ist der Lieferant berechtigt, den Rechtsweg zu beschreiten und für seine Forderung die **Betreibung** gegen den Kunden einzuleiten (siehe Betreibungsverfahren nach Schuldbetreibungs- und Konkursgesetz SchKG).

Es ist aus Beweisgründen immer ratsam, die Mahnungen (spätestens jedenfalls die zweite und dritte) eingeschrieben zu verschicken und dem Schuldner jeweils eine vernünftige Nachfrist zur Erfüllung seiner Verbindlichkeiten zu setzen. Ebenfalls aus Beweisgründen empfiehlt es sich, Rechnungs- und Mahnungskopien aufzubewahren.

3.8 Die Zahlungsmahnung — Beispiele und Aufgaben

A

Försterei der Burgergemeinde Bern
Wylerstrasse 9
3018 Bümpliz

Herr
Pietro Santinos
Seefeldstrasse 25
3602 Thun

2. November 20..

2 Holzblumentröge – Unsere Rechnung Nr. 2368

Sehr geehrter Herr Santinos

Anfang September lieferten wir Ihnen die gewünschten Tröge und stellten Ihnen kurz darauf die Rechnung zu, die sich auf **CHF 860.–** beläuft. Wahrscheinlich haben Sie übersehen, dass die Zahlungsfrist von 30 Tagen am 20. Oktober abgelaufen ist.

Bitte überweisen Sie uns den ausstehenden Betrag bis spätestens **15. November**. Sollte es Gründe für Ihre Zahlungsverzögerung geben, dann sind wir dankbar, wenn Sie uns diese nennen, damit wir gemeinsam eine Lösung finden können.

Wir danken Ihnen für die fristgerechte Überweisung und grüssen Sie freundlich.

Burgergemeinde Bern

Alex Balmer

Alex Balmer, Oberförster

– Kopie der Rechnung Nr. 2368
– Einzahlungsschein

B

Technomilling AG
Hauptstrasse 12
3600 Thun

Einschreiben

ADAM-Touring
Herr Martin Bölzli
Badhausweg 5
3007 Bern

17. November 20..

Letzte Mahnung
Unsere Zahlungsaufforderung vom 30. Oktober 20..

Sehr geehrter Herr Bölzli

Vor etwas mehr als zwei Wochen haben wir Sie an die **offene Rechnung Nr. 5801** für die gelieferten Bremsscheiben erinnert und um Ihre Überweisung der **CHF 7850.– bis 10. November** gebeten. Bis heute haben Sie weder bezahlt noch eine Erklärung geliefert; was ist los? Ihr Stillschweigen irritiert uns sehr, haben wir doch bis anhin stets direkt und offen miteinander gesprochen!

Bitte begleichen Sie die Rechnung bis **spätestens 27. November**, denn nur so lässt sich eine Betreibung, die weder Ihnen noch uns angenehm wäre, vermeiden. Sollten Sie eine andere Lösung anstreben, erwarten wir Ihren sofortigen Vorschlag.

Freundliche Grüsse

Technomilling AG

U. Hegi

Ulrich Hegi, Geschäftsführer

– Kontoauszug
– Einzahlungsschein

> Originale siehe S. 108/109 oder unter www.hep-verlag.ch

AUFGABEN

1. Als Besitzerin einer kleinen, aber gepflegten Kleiderboutique schreiben Sie einer säumigen Kundin. Diese kaufte am 20. August diverse Kleidungsstücke im Wert von CHF 735.– und verlangte eine Rechnung. Am 2. Oktober wurde eine erste Mahnung versandt – ohne Erfolg. Nun sind Sie gezwungen, der Kundin erneut zu schreiben.

   Ziel > Die Kundin bezahlt den Betrag innerhalb einer gesetzten Frist oder – sollte dies nicht möglich sein – unterbreitet einen Zahlungsvorschlag.

2. Als Handwerker haben Sie bei einem Kunden zu Hause eine Reparatur ausgeführt. Eine Woche nach der Reparatur haben Sie eine Rechnung geschickt, die jetzt überfällig ist.

   Ziel > Mit Ihrer ersten Mahnung bewegen Sie den säumigen Kunden zum Zahlen.

4 Stellenbewerbung, Arbeitszeugnis & Kündigung

Bewerbungsunterlagen geben Auskunft über die Person, ihre Ausbildung, ihre beruflichen Kenntnisse und die Motivation.

4.1 Das Bewerbungsschreiben (Motivationsschreiben) — Einleitung

Kaum ein Korrespondenzthema interessiert Kursteilnehmer so sehr wie die Stellenbewerbung. Sie löst häufig interessante Diskussionen über Darstellung und Inhalt aus. Stehen Sie selbst kurz vor einer beruflichen Veränderung? Dieses Kapitel soll Ihnen in übersichtlicher Form aufzeigen, wie Sie eine Bewerbung Erfolg versprechend schreiben und gestalten können. Zudem erhalten Sie Informationen zum Arbeitszeugnis und zur Kündigung.

Was ist das Ziel einer Bewerbung?

Mit der Bewerbung signalisieren Sie bei einem möglichen zukünftigen Arbeitgeber Interesse an einer Stelle. Die Bewerbungsunterlagen sollen dem Personalchef Auskunft über Ihre Person, Ihre Ausbildung, Ihre beruflichen Vorkenntnisse und Ihre Motivation geben. Sie sollen das Tor zum Bewerbungsgespräch öffnen, mit dem Ziel dem zukünftigen Arbeitgeber in einem persönlichen Gespräch mehr über Ihre Person und Ausbildung erzählen zu können.

Was gehört ins Bewerbungsdossier?

Die meisten Stellenausschreibungen enden mit dem Standardsätzchen: «Bitte senden Sie Ihr Bewerbungsdossier mit den üblichen Unterlagen an …» Was sind die üblichen Bewerbungsunterlagen? Im Zweifelsfall ist es möglich, beim Stellenanbieter nachzufragen, welche Bewerbungsunterlagen er wünscht.

Üblicherweise besteht das Bewerbungsdossier aus:

- Evtl. Deckblatt mit Name
- Das Bewerbungsschreiben (in Briefform), auch Motivationsschreiben genannt
- Das Personalienblatt (tabellarisch und mit Foto), auch Lebenslauf oder Curriculum Vitae genannt
- Das Referenzenblatt evtl. auf Verlangen
  (Eine Handschriftprobe, nur wenn dies ausdrücklich verlangt ist)
- Die Zeugniskopien

Das Bewerbungsdossier kann auf vielfältige Art präsentiert werden. Der Bürofachhandel verkauft für diesen Zweck sogar spezielle «Bewerbungsmappen». Es ist aber auch möglich, die Bewerbung schlicht, in einem neuen Klarsichtmäppchen geordnet, zur Post zu bringen. Mäppchen mit Schnappverschluss eignen sich weniger. Sie sind nicht leserfreundlich.

RECHTLICHER HINTERGRUND

Stellenbewerbung/Arbeitsvertrag

Ein Arbeitnehmer, der sich um eine neue Stelle bewirbt, hat grundsätzlich das Recht, sich auch während seiner Arbeitszeit beim neuen Arbeitgeber vorstellen zu können, sofern er zu einem solchen Gespräch eingeladen worden ist **(Art. 329 Abs. 3 OR)**. Weil der Arbeitnehmer gegenüber seinem aktuellen Arbeitgeber jedoch den Grund für seine Absenz bekannt geben muss, verzichten viele Stellenbewerber freiwillig auf diese Möglichkeit.

Hat der Stellensuchende eine neue Arbeitsstelle gefunden, so bedarf es für den Abschluss des Arbeitsvertrages keiner besonderen Form – das bedeutet, dass ein Arbeitsvertrag grundsätzlich auch mündlich abgeschlossen werden kann **(Art. 320 OR)**.

Der Arbeitnehmer hat gegenüber seinem Arbeitgeber eine Sorgfalts- und Treuepflicht **(Art. 321a OR)** wahrzunehmen. Er ist für den Schaden verantwortlich, den er dem Arbeitgeber absichtlich oder fahrlässig zufügt **(Art. 321e OR)**.

Weitere Informationen:
www.hep-verlag.ch

4.1 Das Bewerbungsschreiben (Motivationsschreiben)   Beispiele

Andrea Lerch
Im Kirschgarten 14
4410 Liestal
Tel. P. 061 413 15 20
Tel. G. 061 422 23 23

Bank Coop AG
Frau Franziska Brand
Amthausgasse 20
3001 Bern

22. Februar 20..

Stellenbewerbung

Sehr geehrte Frau Brand

Ihr Inserat im «Bieler Tagblatt» vom 20. Februar 20.. hat mich sehr angesprochen. Sie suchen eine Privatkundenberaterin für die Geschäftsstelle Biel. Ich glaube, Ihre «Teamplayerin» zu sein. Deshalb bewerbe ich mich um diese Stelle.

Im Juli dieses Jahres schliesse ich meine 3-jährige Banklehre ab. Ich empfand diese Zeit jedoch nicht als «Lehre», sondern fühlte mich als eine ins Team integrierte Mitarbeiterin. Auf Grund meiner ungewöhnlichen Laufbahn (Matura, Studienbeginn, Lehre) war ich bei Lehrantritt wesentlich älter als die anderen Auszubildenden. Wohl auch deshalb erhielt ich die Möglichkeit, mehr Einblick in die einzelnen Tätigkeiten zu erhalten.

Bereits wenige Monate nach Lehrbeginn durfte ich meine Fähigkeiten am Beratungsschalter unter Beweis stellen. Dank meiner Sprachkenntnisse hatte ich keine Probleme, mit Kunden in Kontakt zu treten.

Im März dieses Jahres werde ich einen internen Kurs zum Thema Verkaufstraining besuchen. Ich bin nämlich überzeugt, dass die ersten Worte jedes Gesprächs der Grundstein für eine Kundenbeziehung sind. Weiter habe ich im Sinn, im Oktober 20.. mit der Ausbildung zur eidg. dipl. Finanzplanerin zu beginnen.

Gerne erwarte ich Ihre Einladung zu einem Gespräch. Ich bin gespannt darauf, «die sympathische Bank mit dem menschlichen Touch» kennen zu lernen.

Freundliche Grüsse

A. Lerch

Andrea Lerch

– Fähigkeitsausweis
– Arbeitszeugnis
– Personalienblatt

> Original siehe S. 110 oder unter www.hep-verlag.ch

Egal, welche Präsentationsform Sie wählen, die folgende Reihenfolge beim Zusammenstellen der Unterlagen sollten Sie beachten:

Das Bewerbungsschreiben

Das Bewerbungsschreiben ist in Briefform und mit Computer (wenn nicht ausdrücklich eine handschriftliche Bewerbung verlangt wird) zu schreiben. Dabei gelten sämtliche Regeln der modernen Korrespondenz und deren Darstellung. Das Schreiben soll nach Möglichkeit eine A4-Seite nicht überschreiten. Personalchefs haben in einer «Flut» von Bewerbungen häufig nicht Zeit, mehrere Seiten zu lesen. Auch hier gilt: Der erste Eindruck ist entscheidend.

Es ist wichtig, nichts zu überstürzen. Haben Sie die Stellenausschreibung gut gelesen und verstanden? Wissen Sie genau, auf welche Personen das Stellenprofil zutrifft? Wollen Sie diese Stelle wirklich und warum?

In Ihrem Bewerbungsbrief sollten folgende Fragen beantworten:

- Wo und wann habe ich die Stelle ausgeschrieben gesehen?
- Weshalb bin ich nach meiner Überzeugung für diese Stelle geeignet (beziehen Sie sich auf die Ausschreibung)?
- Warum melde ich mich gerade auf diese Stelle?
- Positiver, einladender Briefschluss.

Dieser Brief wird nicht vollständig über Ihre Motivation und Ihre Fähigkeiten Auskunft geben. Das muss er auch nicht! Er soll aber beim Leser Interesse wecken, ihn «gluschtig» auf ein Bewerbungsgespräch machen.

Nehmen Sie sich Zeit, die Formulierungen in Ihrem Brief zu überdenken. Bleiben Sie sachlich; überhöhte oder unterwürfige Formulierungen sind nicht angebracht. Legen Sie das Geschriebene für einige Stunden zur Seite, gewinnen Sie Abstand und lesen Sie es dann mit den Augen des Empfängers. Vielleicht liest eine Person aus Ihrem Freundeskreis den Brief einmal durch und gibt Ihnen Rückmeldungen.

Diana Sciperini
Oberfeldweg 389
4410 Liestal

WIFRAMA GmbH
Frau Alice Merini
Weidweg 12
4082 Basel

25. April 20..

Stellenbewerbung
Leiterin Sekretariat und Personaladministration

Sehr geehrte Frau Merini

Im «Stellenanzeiger der NZZ» vom 17. April 20.. habe ich Ihr Inserat gelesen. Sie suchen eine kaufmännische Angestellte, die bereit ist, eine Leitungsfunktion in Ihrem Betrieb zu übernehmen. Ich möchte eine neue Herausforderung und bewerbe mich deshalb auf diese Stelle.

In den letzten 2 Jahren habe ich die Sekretariatsarbeiten, die Korrespondenz (in D/F/E-Sprache), die Buchhaltung und alle Kundenkontakte in unserem Dienstleistungsbetrieb selbstständig erledigt. Meine Arbeit gefällt mir sehr; gleichwohl möchte ich mehr Verantwortung in der Personalführung übernehmen.

Kürzlich habe ich mich nach den Bedingungen einer berufsbegleitenden Weiterbildung für Personalverantwortliche erkundigt.

Alles Wissenswerte über meinen beruflichen Werdegang entnehmen Sie bitte dem beigelegten Lebenslauf. Darf ich mich Ihnen persönlich vorstellen.

Freundliche Grüsse

D. Sciperini
Diana Sciperini

PS: Ich befinde mich in ungekündigter Stellung; deshalb zähle ich auf Ihre Diskretion.

– Lebenslauf
– Zeugniskopien
– Arbeitszeugnis

[Absender]

[Adressat]

[Datum]

Bewerbung
Ihre Ausschreibung im _____ vom _____

Sehr geehrter Herr _____

Sie suchen einen Sachbearbeiter für den Bereich _____? Dann bin ich vielleicht die Person, die für Sie in Frage kommt!

Ihre Unternehmung hat sich spezialisiert/einen Namen gemacht in/im _____; dieser Bereich interessiert mich sehr, und ich denke, meine Kenntnisse in _____ und meine langjährige Erfahrung auf dem Gebiet der _____ werden Ihnen sicher nützlich sein.

Gegenwärtig befinde ich mich im 2. Semester der Weiterbildung zum _____. Meinen angestammten Beruf als _____ mit einer Zusatzausbildung zum _____ kann ich wegen eines Sportunfalls nicht mehr uneingeschränkt ausüben. Meine langjährige Praxis werde ich sehr gut mit den neu erworbenen Kenntnissen verknüpfen und zum Wohle meines Arbeitgebers einsetzen können, davon bin ich überzeugt.

Alle weiteren Informationen über mich und meinen beruflichen Werdegang entnehmen Sie bitte den Beilagen. Sollten Sie noch Fragen haben, dann beantworte ich Ihnen diese gerne, vorzugsweise in einem persönlichen Gespräch.

Meinen Entschluss, Ihnen meine Bewerbungsunterlagen zuzustellen, habe ich auf Grund Ihres sehr ansprechenden Internet-Auftritts gefällt. Ich hoffe nun, es ist auch mir gelungen, Ihr Interesse zu wecken.

Ihrer Antwort sehe ich gespannt entgegen!

Freundliche Grüsse

[Unterschrift]

Curriculum Vitae, Bewerbungsdossier

4.2 Das Personalienblatt/der Lebenslauf

Was gehört alles aufs Personalienblatt?

Das Personalienblatt (auch Curriculum Vitae oder Lebenslauf genannt) soll in kurzer und übersichtlicher Form über Ihre Person Auskunft geben. Am besten eignet sich die tabellarische Form.

Was gehört alles aufs Personalienblatt?

Das Personalienblatt in tabellarischer Darstellung ist heute Standard. Ausformulierte Lebensläufe werden nicht mehr verlangt und kaum noch gelesen. Wenn nicht ausdrücklich in der Stellenausschreibung darum gebeten wird, ist darauf zu verzichten.

Erreichbarkeit

Nebst den persönlichen Daten ist es wichtig anzugeben, wann und wie Sie telefonisch zu erreichen sind, gesetzt den Fall, der Stellenanbieter will Sie für ein Bewerbungsgespräch einladen. Achten Sie darauf, dass Sie zu dem angegebenen Zeitpunkt auch wirklich erreichbar sind. Wer seine Geschäftsnummer angibt, soll sich vorgängig überlegen, ob dies taktisch geschickt ist … Militärischer Rang, Anzahl Geschwister, Beruf der Eltern, politische Gesinnung oder Konfession sind kaum von Belang und können im Vorstellungsgespräch erfragt werden.

Aus- und Weiterbildung

Die lückenlos aufgeführte schulische Aus- und Weiterbildung ist wichtig. Es reicht, wenn sie die Jahreszahlen (z. B. Beginn und Ende der Ausbildung) angeben. Bei kürzeren Arbeitseinsätzen ist eine Monatsangabe angebracht.

Berufliche Erfahrung

Die beruflichen Erfahrungen und der berufliche Werdegang sind ebenfalls lückenlos und mit Jahreszahlen belegt anzugeben. Falls Ihre berufliche Laufbahn eine «Lücke» aufweist (z. B. ein Jahr auf Weltreise, zwei Monate arbeitslos), ist diese auch aufzuführen. Ihre Aussagen müssen wahr und überprüfbar sein. Verheimlichen Sie keine Angaben.

Sprachkenntnisse

Die Sprachkenntnisse (in Wort und Schrift) sind wichtig und dürfen nicht fehlen. Unter dem Titel «Persönliche Qualifikationen» können Diplome, Ausweise, welche für die Ausübung der Stelle eine Auswirkung haben könnten, aufgeführt werden.

Lohnvorstellung

Bandbreite von … bis … und frühstmöglicher Stellenantritt kommen sicher im Bewerbungsgespräch zur Diskussion. Diese Angaben können aber nach Ermessen ebenfalls auf dem Personalienblatt angegeben werden.

Interessen

Hobbys, Interessen: Diese kleine Rubrik bildet häufig die Grundlage für den Einstieg in das Bewerbungsgespräch.

Foto

Auf das Deckblatt des Personalienblattes kann ein Passfoto aufgeklebt werden. Dabei gilt zu beachten, dass das Bild von einer Fachperson erstellt wurde. Ob farbig oder schwarz-weiss, spielt hingegen keine Rolle. Viel wichtiger ist, dass das Foto gerade geschnitten (rechte Winkel!) und sauber aufgeklebt ist. Weissleim wellt das Papier, Leimstift hat zu wenig Haftkraft, und die Büroklammer verletzt das Foto. Handelsübliche Fotoecken sind deshalb empfehlenswert. Wenn Sie einen qualitativ hoch stehenden Drucker besitzen, können Sie auch das eingelesene Foto auf das Personalienblatt drucken.

4.2 Das Personalienblatt/der Lebenslauf/die Referenzen — Personalienblatt

Gestaltung

Ihr Drucker sollte saubere Arbeit leisten. Verschmierte oder unsaubere Textteile sind verpönt. Kleben Sie keine Blümchen oder Herzchen auf Ihre Bewerbungsunterlagen. Die Individualität soll vor allem im Bewerbungsgespräch zum Ausdruck kommen. Ein farbiges Titelblatt kann aber in einer Bewerbungsmappe durchaus angebracht sein. Achten Sie bei der Papierwahl auf die Einheit der einzelnen vier Teile; zum Beispiel: Bewerbungsschreiben, Personalienblatt und Referenzblatt auf einem teureren Libris-Papier (wenn es Wasserzeichen aufweist, bitte auf der richtigen Seite den Text drucken), Zeugniskopien auf einem einheitlichen Kopierpapier.

Die Bewerbung darf auf keinen Fall nach Serienarbeit «riechen». Passen Sie den Bewerbungstext jeder Bewerbung an, verwenden Sie für das ganze Dokument immer neue Unterlagen.

Heften Sie keine Blätter zusammen, denn häufig werden die Unterlagen kopiert. Eine neue Büroklammer, die in einem Mäppchen Personalienblatt und Referenzblatt zusammenhält, ist deshalb angebracht.

Und «ab die Post»

Die Bewerbung sollte per A-Post beim Stellenanbieter eintreffen. Es ist möglich, obschon eigentlich nur die angeschriebene Person das Couvert öffnen dürfte, den Vermerk »Persönlich« anzubringen; besonders bei ungekündigter Anstellung. Achten Sie darauf, dass das Couvert sauber beschriftet (Absenderadresse evtl. angeben) und die Marke gerade aufgeklebt ist. Ein korrekt frankiertes C4-Couvert und ein «kartonierter Rücken» sind Voraussetzung.

Bewerbung per Mail?

Auch bei der Bewerbung setzt sich die elektronische Kommunikation immer mehr durch. Dies hat in erster Linie mit der wachsenden Bedeutung des Internets für Stellensuchende zu tun und bietet einige Vorteile: Eine Mail ist bequem und kostengünstig. Mails ersparen dem Sender bekanntlich den Weg zur Post und die Briefmarke. Überdies braucht man Unterlagen nicht auszudrucken, und die Suche nach einer anständigen Mappe oder der passenden Couvertgrösse entfällt. Heute erreichen rund die Hälfte aller Bewerbungen die Firmen auf elektronischem Postweg. Einige Firmen verlangen ausdrücklich elektronisch eingereichte Bewerbungen. Je mehr Unternehmungen dazu neigen, ihre Stellen auf der eigenen Website auszuschreiben, desto selbstverständlicher wird das Vorgehen, Bewerbungen auf diesem Weg zu verschicken. Doch aufgepasst: Einem «Bewerbungs-E-Mail» sind inhaltliche Grenzen gesetzt! Nach wie vor ist es in der Schweiz üblich, Zeugnisse einer Bewerbung beizulegen. Dies ist zwar auch per E-Mail möglich, aber sehr aufwändig. Deshalb sollten Sie sich per Mail nur kurz präsentieren, im Sinne einer Vorabklärung. Besteht von Firmenseite Interesse, kann zu einem späteren Zeitpunkt das entsprechende Zeugnis per Briefpost nachgeliefert werden. Trotz der Einfachheit, mit der eine Mail aufgesetzt und verschickt werden kann, gelten für Online-Bewerbungen die gleichen Spielregeln wie für die brieflichen Pendants. Sie sollten gut strukturiert und fehlerfrei sein! (Siehe dazu Kap. 6.)

Nun kann Ihrem Erfolg nichts mehr im Weg stehen, viel Glück!

4.2 Das Personalienblatt/der Lebenslauf/die Referenzen — Beispiel

Personalienblatt

Personalien
Name	Lerch
Vorname	Andrea Karin
Adresse	Im Kirschgarten 14
PLZ/Ort	4410 Liestal
Telefon	061 413 15 20
Geburtsdatum	25. Juni 1992
Heimatort	Wynigen (BE)
Zivilstand	ledig

Schulen
Oktober 98–Februar 99	Beginn Studium 1 Semester Sekundarlehramt der Universität Bern (Hauptfach Mathematik)
1993–Januar 98	Gymnasium Kantonsschule Basel (9.–13. Schuljahr)
1990–1993	Progymnasium an der Bezirksschule in Liestal (6.–8. Schuljahr)
1989–1990	Sekundarschule Liestal (5. Schuljahr)
1985–1989	Primarschule Liestal (1.–4. Schuljahr)

Tätigkeiten
März 99–Mai 99	Abteilung Qualitätsprüfung/Kontrolle
Juli 98–September 98	Aushilfskraft bei der Firma Häni & Co. AG in Liestal,
Februar 98–Juni 98	Temporäranstellung als Datatypistin bei der Ausgleichskasse des Kantons Solothurn in der Abteilung Leistungen (Individuelle Prämienverbilligung)

Berufsausbildung
1999–2002	Kaufmännische Lehre bei der Bank Coop AG in Biel

Sprachen
Deutsch	Muttersprache
Französisch	Certificat de Français du Secrétariat (CFP)
Englisch	Cambridge First Certificate in English (FCE)
Italienisch	3 Jahre Italienisch-Kurs an der Kantonsschule Liestal sowie 1 Monat Sprachaufenthalt in Mailand (Juni 99)

Hobbys: Leitertätigkeit beim Ski-Club Lengnau im Bereich Jugendförderung Skilanglauf

Referenzen
Herr Paul Hofer	Herr Berthold Gerber
Leiter Private Banking	Leiter Private Banking
Bank Julius Bär, Bern	Bâloise Bank SoBa, Grenchen
Telefon G.: 031 350 50 51	Telefon G.: 032 645 20 32

Eintritt: 1. August 20.. oder nach Vereinbarung

> Original siehe S. 111 oder unter www.hep-verlag.ch

Referenzenblatt

Üblicherweise gibt man drei Personen als Referenzen an. Die Personen sollen mit Adresse, geschäftlicher und eventuell privater Telefonnummer (wann sie zu erreichen sind) und Funktion aufgeführt sein. Schauen Sie, dass beide Geschlechter und verschiedene Berufsfelder vertreten sind. Im Normalfall steht Ihr letzter Vorgesetzter auf der Liste. Nehmen Sie in jedem Fall vor dem Absenden der Bewerbung mit Ihren Referenzpersonen Kontakt auf. Informieren Sie diese über die Stellenausschreibung, teilen Sie ihnen mit, wie die Person heissen könnte, welche sie vielleicht anrufen wird. Referenzen werden in den meisten Fällen erst nach dem Bewerbungsgespräch eingeholt. Sie können dies aber nicht voraussetzen. Personen, welche für Sie Referenzen abgeben, dürfen nicht aus dem Familienkreis stammen oder mit Ihnen verwandt sein. Sie sollten ehrlich und genau über Ihre Person Auskunft geben können.

Handschriftprobe

Es ist möglich, dass eine Handschriftprobe den Bewerbungsunterlagen beizulegen ist. Dies würde ausdrücklich in der Ausschreibung verlangt. In diesem Fall ist es angebracht, einen neutralen Text (z. B. Gedicht, Ausschnitt aus einem Roman) in der Länge einer halben A4-Seite sauber geschrieben und dargestellt abzuschreiben.

Zeugniskopien

Es macht wenig Sinn, alle Zeugnisse und Bestätigungen zu kopieren und beizulegen. Legen Sie nicht mehr als maximal 10 Kopien, nach Datum – die neuste zuoberst – geordnet im Dossier ab. Wichtig ist es, die letzten drei bis fünf Jahre zu dokumentieren und evtl. aussagekräftige, für die Stelle relevante Papiere beizufügen. Nehmen Sie aber alle Unterlagen (Originale) zum Bewerbungsgespräch mit! Vielleicht werden diese zur Einsicht verlangt. Wenn Sie sich in einer ungekündigten Anstellung befinden, muss Ihr Arbeitgeber Ihnen auf Wunsch ein Zwischenzeugnis erstellen. Dieses wird unbedingt dem Dossier beigelegt. Gilt für alle Unterlagen: Das Bewerbungsdossier muss von A bis Z perfekt sein! Schreibfehler sind absolut tabu! Achtung: Das Rechtschreibeprogramm erkennt nicht alle Orthografiefehler.

Curriculum Vitae

Personalien
Name/Vorname				Krebs Yves Michel
Geburtsdatum				17.01.1991
Heimatort				Bühl b. Aarberg
Adresse					Klösigässli 67, 9011 St. Gallen
Fon/Fax					071 651 38 55
E-Mail					ykrebs@gmx.ch

Besuchte Schulen
1998–2001				Sekundarschule Neudorf, St. Gallen
1992–1998				Primarschule Winkeln, St. Gallen

Berufliche Grundausbildung
2001–2004				Ausbildung zum Kaufmann an der KBS St. Gallen
Lehrbetrieb				Lodaris Treuhand AG, St. Gallen

Branchenkenntnisse
Allgemeine Treuhand, Immobilientreuhand, Rechnungsführung, Veranlagungen

Sprachen
Deutsch					Muttersprache
Französisch				1. Fremdsprache: fundierte Kenntnisse
					(mündlich und schriftlich)
Englisch				2. Fremdsprache: fundierte Kenntnisse
					(mündlich und schriftlich)
Italienisch				3. Fremdsprache: Grundkenntnisse
					(nur mündlich)

Abgelegte Prüfungen
2004					LAP: Durchschnitt 5,2
2004					Englisch: Cambridge First Certificate in English
2001–2003				Französisch: DELF A1 bis A4

Interessen
Lesen, Theater, Reisen

Berufliche Ziele
Weiterbildung für Personalverantwortliche
Eidg. Fähigkeitsausweis für Immobilienverwalter

Referenzen
– Hans Alberini, Lehrlingsausbildner, Lodaris Treuhand AG, St. Gallen, Fon 079 485 99 71
– Caroline Meister, Geschäftsführerin SELIVA Immobilien AG, Basel, Fon 079 323 83 01

Curriculum Vitae

Personalien	...
Name/Vorname	...
Geburtsdatum	...
Heimatort*	...
Adresse	...
Fon/Fax	...
E-Mail	...

Besuchte Schulen
19..–19..	Primarschule Sulgenbach, Bern
19..–19..	Realschule Sulgenbach, Bern
19..–19..	Zehntes Schuljahr Weihermannshaus, Bern

Ausbildung
19..–19..	3-jährige Lehre als ... bei ...
19..–19..	Zusatzlehre als ... bei ...

Abgelegte Prüfungen, Diplome und Zertifikate
19...	Eidg. Fähigkeitsausweis ...
19...	Eidg. Handelsdiplom

Fort- und Weiterbildungen
20..–20..	HF TS HKKS, GIBB Bern
20..	Französisch: DELF A4
20..	Englisch: FCE

Allgemeine Berufserfahrung [separates Blatt, wenn die Liste lang wird!]
19..–20...	Heizungsmonteur bei ...
20...–20...	Sachbearbeiter Abteilung ... bei ...

Persönliche Interessen und Hobbys
Meine Familie, Gartengestaltung, Kochen, Reisen, Politik (Gemeinderat), Lesen

Aktueller Wirkungskreis
besser: separates Blatt und nur anstellungsbezogen
> *Beispiel unter www.hep-verlag.ch*

Referenzen
– Herr Marc Rappolt, Geschäftsführer WEMABO AG, Kreisgasse 5, 2500 Biel
  Fon 079 443 22 11, mrappolt@wemabo.ch
– Frau Margot Häsler, CEO NARESO SA, Rue du Pont 23, 1201 Genève
  Fon 079 117 55 99, mhae@nareso.ch

Eintritt*
nach Vereinbarung

*Angaben sind nicht zwingend

4.3 Das Arbeitszeugnis

Bestätigung oder Zeugnis

Arbeitszeugnisse können für den Karriereverlauf eines Menschen und somit für sein berufliches Fortkommen entscheidend sein. Das Arbeitszeugnis ist keine Gefälligkeit des Arbeitgebers, sondern ein Recht jeder Arbeitnehmerin und jedes Arbeitnehmers. Sie können jederzeit sowohl im Laufe eines Arbeitsverhältnisses ein Zwischenzeugnis als auch bei der Kündigung ein Vollzeugnis verlangen.

Arbeitsbestätigung

Denkbar ist auch, dass Sie eine Arbeitsbestätigung verlangen. Diese hat lediglich über die Dauer der Anstellung und die ausgeübte Funktion Auskunft zu geben. Auf eine Bewertung der Leistung, des Verhaltens der Arbeitnehmerin/ des Arbeitnehmers und auf Ausführungen zum Grund der Auflösung des Arbeitsverhältnisses wird verzichtet. Die Arbeitsbestätigung wird dann vorgezogen, wenn damit gerechnet werden muss, schlecht qualifiziert zu werden, oder wenn Ihr Einsatz nur von kurzer Dauer ist.

Voll- und Zwischenzeugnis

Jede Arbeitnehmerin und jeder Arbeitnehmer hat das Recht, jederzeit ein Zeugnis zu verlangen, das sich über die Art und Dauer des Arbeitsverhältnisses sowie über die Leistung und das Verhalten ausspricht. Ein Zwischenzeugnis wird in der Praxis dann verlangt, wenn eine innerbetriebliche Versetzung vorgenommen wird, wenn sich eine Kündigung abzeichnet oder die direkt vorgesetzte Person wechselt. Ein Vollzeugnis wird bei einem Stellenwechsel oder einer Kündigung verlangt. Voll- und Zwischenzeugnis haben das Ziel, dass sich ein neuer Arbeitgeber über die Fähigkeiten, Fertigkeiten und Einsatzmöglichkeiten einer Person ein objektives Bild machen kann.

Inhalt

Grundsätzlich ist in einem Arbeitszeugnis das dienstliche Verhalten zu beurteilen. Wie sich eine Person ausserhalb ihres Arbeitsplatzes verhält, ist nicht Gegenstand eines Zwischen- oder Vollzeugnisses. Ausnahmsweise kann ein Verhalten, das über das Geschäftliche hinausgeht, aufgenommen werden, wenn dies grossen Einfluss auf das Arbeitsverhältnis hat (Drogen-, Alkoholprobleme, psychische und/oder familiäre Probleme). Die Arbeitnehmerin/ der Arbeitnehmer hat zudem Anspruch darauf, dass die Begründung für die Beendigung des Arbeitsverhältnisses aufgenommen wird.

Aufbau, Raster und formale Anforderungen
(siehe Seite 60)

Arbeitszeugnisse werden nach einem relativ strengen Schema aufgebaut. Je älter eine Arbeitnehmerin/ein Arbeitnehmer und je höher die berufliche Position ist, desto umfangreicher wird ein Zeugnis.

RECHTLICHER HINTERGRUND

Üblicherweise wird vom Arbeitgeber ein Vollzeugnis (**Art. 330a Abs. 1 OR**, s. Beispiel) ausgestellt. Ein solches Vollzeugnis gibt wahrheitsgetreu Auskunft über die Art und Dauer des Arbeitsverhältnisses sowie über die Leistungen und das Verhalten des Arbeitnehmers am Arbeitsplatz.

Gestützt auf **Art. 330a Abs. 2 OR** ist der Arbeitnehmer jedoch auch berechtigt, eine blosse Arbeitsbestätigung zu verlangen. Eine solche gibt lediglich Auskunft über Art und Dauer des Arbeitsverhältnisses.

Fazit: Fällt ein Zeugnis knapp aus, ist daraus zu schliessen, dass über die betreffende Person weiter nichts Positives zu sagen ist!

4.3 Das Arbeitszeugnis — Beispiele

Bestätigung

Wir bestätigen, dass

Frau Beatrice Lauber

geboren am 28. September 1979, vom 1. Februar 20.. bis 15. August 20.. in unserem Verlag als Sachbearbeiterin im Sekretariat tätig war.

Bern, 20. August 20..

Geschäftsleitung

Hans Müller   Eva Ramseier

CHECKLISTE: BAUSTEINE FÜR ARBEITSZEUGNISSE

1	**Personalien**	Familienname, Vorname, Titel, Geburtsdatum, Heimatort/Bürgerort, Adresse, Anstellungsdauer, Arbeitsort, Stellung im Betrieb
2	**Berufsbezeichnung**	Eventuell genauere Schilderung des Fachwissens
3	**Aufgabenbereich/Funktion**	Pflichtenheft, Beförderungen
4	**Qualifikation von Leistung und Verhalten**	Der wichtigste und heikelste Punkt eines Arbeitszeugnisses, der ausführlich und eindeutig formuliert sein muss. Zu beurteilen sind: > Leistungsbereitschaft/Leistungsvermögen > Belastbarkeit > Solidarität gegenüber der Firma > Vertrauenswürdigkeit > Initiative > Kreativität > Kommunikationsfähigkeit > Qualität der Arbeit
5	**Beendigungsgrund**	Der Austrittsgrund wird dann nicht erwähnt, wenn der Arbeitnehmer dies ausdrücklich so wünscht. Die Floskel «verlässt uns in beiderseitigem Einvernehmen» wird häufig benutzt, wenn dem Arbeitnehmer gekündigt wurde.
6	**Abschiedsformel**	Der Arbeitgeber dankt für die gute Zusammenarbeit und wünscht dem ehemaligen Angestellten viel Erfolg in seiner beruflichen Laufbahn.

Bern, 1. April 20..

Arbeitszeugnis

Frau Annemarie Ramseier, geboren am 17. März 1962, war vom 1. Mai 20.. bis 30. März 20.. als Sachbearbeiterin in unserem Sekretariat angestellt.

Frau Ramseier erfüllte folgende Aufgaben:
- Selbstständiges Führen des Sekretariates inklusive Personalkoordination
- Bestellwesen inklusive Rechnungsstellungen, Versandkoordination, Zollformalitäten und Controlling
- Adressverwaltung und Adressausdrucke
- Kassenführung, Honorarzahlungen, Kundenrechnungen/Mahnungen, Abrechnungen
- Erstellung verschiedener Werbemittel
- Allgemeine Geschäftskorrespondenz

Die aufgeführten Aufgaben erfüllte Frau Ramseier selbstständig und umsichtig. Sie arbeitete kompetent, initiativ und holte nötige Informationen ein, sorgte für geeignete Ablagesysteme, organisierte Hotelunterkünfte im In- und Ausland, korrespondierte in eigener Initiative und behielt den Überblick über ein vielfältiges und ständig wachsendes Aufgabengebiet.

Ihre vielseitigen Fähigkeiten kamen dem Unternehmen zugute im sprachlichen Bereich (Texte schreiben, kürzen, erweitern, korrigieren), im organisatorischen Bereich sowie im Rechnungswesen.

Ihre Teamfähigkeit zeigte sich auf angenehme Weise im Büroalltag mit den Kolleginnen und Kollegen, im Kontakt mit den Projektleitenden, Geschäftspartnern, Kundinnen, Kunden und in der Zusammenarbeit mit dem Informatikverantwortlichen. Frau Ramseier verlässt uns auf eigenen Wunsch.

Wir wünschen Frau Ramseier für die Zukunft alles Gute.

Bildung AG

Silvia Baumann

Silvia Baumann, Verlagsleitung

Dieses Arbeitszeugnis ist unkodiert!

4.3 Das Arbeitszeugnis

Interpretation des Inhalts

Kaum ein Schriftstück weckt derartige Emotionen wie das Arbeitszeugnis. Einerseits, weil der Mensch auch im Beruf nach Lob und Anerkennung strebt, und anderseits, weil ein gutes oder eben schlechtes Arbeitszeugnis entscheidend für die berufliche Karriere sein kann. Heute gelten die folgenden Grundsätze:

> Wahrheitspflicht
> Wohlwollen
> Klarheit
> Vollständigkeit

Verklausulierte Wendungen sind unzulässig. Das heisst, Geheimsprachen mit bestimmten Formulierungen, deren Bedeutung nur bestimmte Personengruppen (in der Regel Personalchefs) verstehen, sind verboten. Der Arbeitnehmer/die Arbeitnehmerin darf verlangen, dass solche Formeln (Verklausulierungen) durch Formulierungen ersetzt werden, die der Wahrheit entsprechen und verstanden werden.

Sehr viele Firmen und praktisch alle staatlichen Betriebe, Direktionen und Verwaltungen garantieren offene und unverschlüsselte Formulierungen wie im Beispiel («Unsere Firma benützt keine verschlüsselten Formulierungen» oder «Dieses Zeugnis ist unkodiert» oder «Dieses Zeugnis enthält keine verschlüsselten Botschaften» o. Ä.).

Leider werden im Alltag sogenannte Verschlüsselungen immer noch angewandt.

Wichtiger bei der Interpretation von Arbeitszeugnissen ist nicht das, was da ist, sondern das, was fehlt. Wenn nichts über die Leistung und/oder das Verhalten ausgesagt wird, waren diese schlecht oder ungenügend. Wenn der Austrittsgrund fehlt, wurde wohl eine Entlassung ausgesprochen.

Weitere Informationen dazu unter:
www.hep.verlag.ch

4.3 Das Arbeitszeugnis

Beispiel und Aufgaben

Arbeitszeugnis

Frau Ursula Moser, Zeughausweg 68, 3600 Thun, geboren am 18. Juli 1969, heimatberechtigt in Wil, war vom 01.08.1993 bis 18.06.2001 in unserer Abteilung Gartenmöbel als Verkäuferin und später als Rayonleiterin angestellt.

Wir haben sie als verantwortungsvolle und zuverlässige Mitarbeiterin kennen gelernt. Die ihr übertragenen Arbeiten und Pflichten hat sie stets gewissenhaft und zu unserer vollen Zufriedenheit ausgeführt.

Durch verschiedene betriebsinterne Kurse hat sie ihre Branchenkenntnisse erweitert. Sie war immer bestrebt, ihr Wissen auf den neusten Stand zu bringen, was ihr bei ihrer Beraterinnentätigkeit zugute kam.

Durch ihre Fachkompetenz und ihre angenehme Art überzeugte sie unsere Kundschaft. Es fiel ihr leicht, das Vertrauen unserer Käuferinnen und Käufer zu gewinnen, und sie war auch bei Mitarbeiterinnen und Mitarbeitern sehr beliebt. In Konfliktsituationen hat sie sich jeweils ehrlich, korrekt und sehr zuvorkommend verhalten.

Frau Moser verlässt uns auf eigenen Wunsch, was wir sehr bedauern. Wir wünschen ihr auf ihrem weiteren Lebensweg alles Gute. Sollte sich die Gelegenheit ergeben, würden wir sie jederzeit wieder bei uns einstellen.

Moosseedorf, 13. Juni 20..

INTERIO AG

ppa. Lotta Brechtbühl
Personalchefin

> Original siehe S. 112 oder unter www.hep-verlag.ch

AUFGABEN

1. Beurteilen Sie die beiden Arbeitszeugnisse (S. 63 und 65).

2. Verfassen Sie Ihr persönliches Arbeitszeugnis auf Grund Ihrer jetzigen Anstellung.

Ziel > Arbeitszeugnisse lesen und interpretieren.

Ziel > Ihre Chefin/Ihr Chef braucht nur noch zu unterschreiben.

4.4 Kündigung des Arbeitsverhältnisses

Einleitung

Kündigungen können von zwei Seiten ausgesprochen werden: vom Arbeitgeber oder vom Arbeitnehmer/von der Arbeitnehmerin. Kündigt der Arbeitgeber, kann dies – vor allem in wirtschaftlich unsicheren Zeiten mit hoher Arbeitslosigkeit und einem kleinen Stellenangebot – für Arbeitnehmerinnen und Arbeitnehmer eine schwierige Zeit bei der Suche einer neuen Stelle zur Folge haben, oft verbunden mit Arbeitslosigkeit. In der Praxis kommt es vor, dass ein Arbeitgeber dem Angestellten nahe legt, von sich aus die Kündigung einzureichen.

Kündigt die Arbeitnehmerin/der Arbeitnehmer, bedeutet dies oft eine Weiterentwicklung der beruflichen Karriere.

Aus Beweisgründen ist eine Kündigung schriftlich zu verfassen, es muss angegeben werden, auf welchen Zeitpunkt gekündigt wird. Falls es von einer Partei verlangt wird, ist eine Kündigung zu begründen.

Der Adressat/die Adressatin muss den Erhalt der Kündigung schriftlich bestätigen, es gilt nicht das Datum des Poststempels, sondern der Zeitpunkt des Empfangs.

RECHTLICHER HINTERGRUND

Man unterscheidet befristete und unbefristete Arbeitsverhältnisse. In aller Regel wird zwischen Arbeitgeber und Arbeitnehmer ein unbefristetes Arbeitsverhältnis abgeschlossen, das von beiden Seiten unter Einhaltung bestimmter Fristen gekündigt werden kann (Art. 335a ff. OR), je nachdem, wie lange das Arbeitsverhältnis gedauert hat. Liegen besondere Umstände vor (z. B. regelmässiges Zuspätkommen trotz wiederholter Abmahnung), kann das Arbeitsverhältnis gestützt auf Art. 337 OR auch fristlos aufgelöst werden. Sofern die betroffene Partei dies verlangt, ist jede Kündigung schriftlich zu begründen (Art. 335 OR).

Kündigungsfristen
Während der Probezeit, die am Anfang des Arbeitsverhältnisses steht und meist zwischen einem und drei Monaten dauert, kann das Arbeitsverhältnis von beiden Seiten mit einer Kündigungsfrist von sieben Tagen aufgelöst werden (Art. 335b OR). Während des ersten Jahres des Arbeitsverhältnisses beträgt die Kündigungsfrist gemäss OR einen Monat, während des zweiten bis neunten Jahres des Arbeitsverhältnisses beträgt sie zwei Monate und anschliessend, wenn jemand zehn Jahre und länger eine Stelle innegehabt hat, drei Monate (Art. 335c OR).
Diese Kündigungsfristen dürfen zwischen den Parteien oder durch Gesamtarbeitsvertrag (GAV) abgeändert werden. Unter einen Monat darf die Kündigungsfrist jedoch nur durch GAV und nur für das erste Dienstjahr herabgesetzt werden. Merke: Für Arbeitgeber und Arbeitnehmer dürfen nicht verschiedene Kündigungsfristen festgelegt werden – bei widersprechender Abrede gilt für beide die längere Frist (Art. 335a).

Fristlose Kündigung nur aus wichtigen Gründen
Gestützt auf Art. 337 OR kann das Arbeitsverhältnis sowohl durch den Arbeitgeber als auch durch den Arbeitnehmer aus wichtigen Gründen jederzeit fristlos aufgelöst werden. Wann aber liegen solch wichtige Gründe vor? Ein Arbeitnehmer kann z. B. dann fristlos entlassen werden, wenn er während seiner Anstellung eine Straftat (z. B. Veruntreuung von Geldern seines Chefs) begangen hat oder wenn er sich trotz wiederholter Abmahnungen Unkorrektheiten am Arbeitsplatz hat zuschulden kommen lassen (z. B. ständiges Zuspätkommen, unentschuldigte Absenzen, mutwillige Beschädigung von Geräten etc.). Häufig ist zwischen den Vertragsparteien strittig, ob die sog. wichtigen Gründe für eine fristlose Kündigung gegeben sind. Ist ein Arbeitnehmer mit der fristlosen Kündigung nicht einverstanden, muss er sie umgehend anfechten.

Weitere Informationen:
www.hep-verlag.ch

4.4 Kündigung des Arbeitsverhältnisses

Beispiele und Aufgaben

A

Andrea Gerber
Stationsstrasse 23
6003 Luzern

Einschreiben

BELTA AG
Frau Sabrina Dürrer
Personalchefin
Grabenweg 69
6006 Luzern

17. September 20..

Kündigung

Sehr geehrte Frau Dürrer

Anfang dieses Jahres habe ich die eidgenössische Fachprüfung für Direktionssekretärinnen erfolgreich absolviert und mich, auf Ihren Rat hin, nach einem anderen Wirkungskreis umgesehen. Es ist mir nun glücklicherweise gelungen, eine meinen Fähigkeiten entsprechende Arbeitsstelle zu finden. Deshalb kündige ich unser Arbeitsverhältnis auf 31. Dezember 20..

> Begründung für die Kündigung: fakultativ

Seit fünf Jahren bin ich in Ihrer Abteilung als Sekretärin tätig, und die Arbeit hat mir immer Spass gemacht. Das Vertrauen, das Sie mir geschenkt haben, war mir ein wichtiger Ansporn. Es fällt mir deshalb nicht leicht, das Unternehmen zu verlassen. Da sich aber keine meinen neuen Kenntnissen entsprechende Stelle in Ihrer Abteilung bzw. im Betrieb fand, sah ich mich gezwungen, mich anderweitig umzusehen. Dass Sie mich bei der Stellensuche unterstützt haben, ist nicht selbstverständlich, und ich bin Ihnen dafür und auch für die gute Zusammenarbeit in den vergangenen Jahren sehr dankbar. Für die Zukunft wünsche ich Ihnen und der BELTA AG alles Gute. Ich versichere Ihnen, meine Nachfolgerin oder meinen Nachfolger gut einzuarbeiten.

Bitte stellen Sie mir ein Arbeitszeugnis aus. Vielen Dank!

Freundliche Grüsse

Andrea Gerber

B

Compdisc
Rolf Lautermann
Tonisbachstrasse 13
8001 Zürich

Einschreiben

Frau
Marianne Winkelried
Brauneckweg 87
8007 Zürich

5. Juni 20..

Kündigung

Liebe Marianne

Wie wir dir bereits mündlich mitgeteilt haben, zwingt uns das rasante Wachstum unserer Firma, die Strukturen umzustellen. Das bedeutet: Der Empfang wird reorganisiert.

Wir beenden deshalb unser Arbeitsverhältnis auf Ende August 20..

Herzlichen Dank für dein grosses Engagement! Bitte unterbreite uns einen Entwurf deines Arbeitszeugnisses.

Für deine Zukunft wünschen wir dir alles Gute. Selbstverständlich unterstützen wir dich – falls du dies wünschst – bei der Suche nach einer neuen Stelle.

Freundliche Grüsse

Compdisc

Ursula-Andrea Müller Graber   Rolf Lautermann

> Originale siehe S. 113/114 oder unter www.hep-verlag.ch

AUFGABEN

1. Ihre Firma leidet unter einem rückläufigen Absatz ihrer Produkte wegen der schwierigen Wirtschaftslage. Sie als Angestellter/Angestellte im Personalbüro müssen aus diesem Grund einer Mitarbeiterin kündigen, obwohl Sie mit ihren Leistungen zufrieden sind.

   Ziel > Ein Kündigungsschreiben verfassen (Fristen beachten!), indem Sie Ihrem Bedauern Ausdruck geben, ohne rührselig zu werden. Die betroffene Mitarbeiterin kann die Situation nachvollziehen.

2. Sie fühlen sich als Angestellte recht wohl in Ihrer Unternehmung. Trotzdem kündigen Sie den Arbeitsvertrag (Fristen beachten!); dies aus dem Grund, weil Sie das zweite Kind erwarten und Ihnen die Belastung zu gross würde. Ausserdem haben Sie weitere Aufgaben in Aussicht, da sich Ihr Mann selbstständig macht.

   Ziel > Auf korrekte Weise kündigen und zugleich dem Arbeitgeber zu verstehen geben, dass Sie die Anstellung bei ihm stets geschätzt haben.

67

5 Sonderbriefe

> **Einladungen**
> **Absagen**
> **Gesuche**
> **Einsprachen**

5.1 Einladungen und Absagen

Einleitung

DIE EINLADUNG

Einladungen zu Ausstellungen, Betriebseröffnungen oder Feiern sind möglichst ansprechend zu verfassen. Es können durchaus Serienbriefe sein, doch benötigen sie einen persönlichen Anstrich: Einladungsbriefe schreiben Sie auf Papier mit dem offiziellen Firmenbriefkopf, unterzeichnen aber eigenhändig.

Eine Einladung, bspw. zu einem Betriebsjubiläum, kann auch ein Anlass sein, die Kundinnen und Kunden auf neue Produkte aufmerksam zu machen und dafür zu werben. Die Produktewerbung muss jedoch im Hintergrund stehen.

Wer schreibt wem?
> Unternehmung an Geschäftspartner
> Unternehmung an Kunden
> Geschäftsleitung an Mitarbeiter
> Privatperson

Was ist das Ziel?
> Geschäftspartner und Kunden «belohnen» und ihre Aufmerksamkeit verstärkt auf die Unternehmung resp. das Produkt lenken
> Mitarbeiter belohnen und motivieren
> Kontaktpflege/Netzwerk schaffen und erhalten

Was darf nicht fehlen?
> Ankündigung des Anlasses, einer Attraktion (Modeschau, Apéro …)
> Genaue Angaben von Ort und Zeit
> Evtl. Bitte um Anmeldung per Anruf (Telefonnummer!) oder Anmeldetalon
> Möglicher Beitrag

DIE ABSAGE

Noch stärker als in der Einladung fliesst in der Absage das Persönliche ein. Sie danken für die Einladung und bedauern, dass Sie ihr nicht Folge leisten können. Sie beschreiben kurz den Grund für Ihr Fernbleiben. Mit Ihrer höflichen Absage erhalten Sie den Kontakt zum Gastgeber aufrecht und werden über einen nächsten Anlass wieder informiert. Auch im Privatbereich erfordern Absagen ein gewisses Fingerspitzengefühl, besonders bei Anlässen, welche für den «Einladenden» eine grosse Bedeutung haben.

5.1 Einladungen und Absagen

Beispiele und Aufgaben

A

Boutique Bella Donna
Erikastrasse 12
9000 St. Gallen

Frau
Maria Meier
Mittelstrasse 4B
9500 Wil

30. Januar 20..

Einladung – Eröffnung der neuen Saison
Lassen Sie sich überraschen!

Sehr geehrte Frau Meier

Bereits ist der düstere und kalte Monat Januar vorbei, und langsam weicht die Finsternis am Morgen und am Abend. In uns macht sich die erste Freude auf den Frühling bemerkbar. Gerne geben wir dieser Freude Ausdruck und laden Sie zu einer kleinen Modeschau ein:

**Freitag, 25. Februar, 17.30 Uhr,
in der Boutique Bella Donna, Erikastrasse 12, 9000 St. Gallen**

Wir präsentieren Ihnen unsere fröhlich-leichte Frühlingskollektion – lassen Sie sich von der neuen Farbenwelt berauschen! Befühlen Sie die weichen und fliessenden Stoffe! So viel verraten wir Ihnen bereits jetzt: Die neuen Schnitte sind äusserst figurfreundlich und verspielt. Um dieses sinnliche Vergnügen abzurunden, offerieren wir nach der Vorführung einen Apéro. Sie werden nicht nur von der neuen Mode, sondern auch von der schmackhaften und prickelnden Bowle «Bella Donna» und den mundenden Häppchen begeistert sein!

Neugierig geworden? Mit dem beigelegten Talon können Sie sich und je nach Wunsch auch Ihre Freundin oder Ihren Partner bis **20. Februar** direkt anmelden.

Wir freuen uns auf Ihr Kommen!

Freundliche Grüsse

Boutique Bella Donna

Bella Bartoli
Bella Bartoli

– Anmeldetalon

B

Caroline Brand
Mauergässchen 4
6340 Baar

hardcomp AG
Herr Marc Mühlemann
Bahnhofstrasse 12
6300 Zug

5. März 20..

Tag der offenen Tür

Sehr geehrter Herr Mühlheim

Vielen Dank für die freundliche Einladung! Sehr gerne hätte ich am 5. April die renovierten Räumlichkeiten besichtigt und beim Apéro mit Ihnen angestossen; leider muss ich absagen. Ich nehme an diesem Tag an einem Kongress in Lugano teil.

Wie ich der beigelegten Broschüre entnehme, haben Sie die neusten handlichen Laptops in Ihr Sortiment aufgenommen. Da ich beruflich viel unterwegs bin und oft im Zug arbeite, möchte ich mein altes Gerät durch ein leichteres Modell ersetzen.

Gerne setze ich mich Mitte April mit Ihnen in Verbindung, um einen Termin für eine Beratung zu vereinbaren. Viele fruchtbare Kundenkontakte Ihnen und Ihrem Team, damit der «Tag der offenen Tür» für alle ein Erfolg wird!

Freundliche Grüsse

Caroline Brand
Caroline Brand

> Originale siehe S. 115/116 oder unter www.hep-verlag.ch

AUFGABEN

1. Vor einem halben Jahr haben Sie die Leitung eines bereits bestehenden Geschäfts übernommen. Viele Kunden und Kundinnen zeigen positive Reaktionen und Treue gegenüber dem Geschäft. Aus Dankbarkeit Ihrem Kundenkreis gegenüber laden Sie zu einem Apéro ein, dazu bieten Sie eine weitere Attraktion an.

   Ziel > Sie zeigen sich Ihrem Kundenstamm erkenntlich und präsentieren zugleich Ihr Geschäft auf eine attraktive Weise.
   > Kundenstamm kennenlernen, erweitern.

2. Sie sind von einer Freundin oder guten Bekannten an die Hochzeitsfeier eingeladen. Sehr gerne würden Sie am Fest teilnehmen, aber ausgerechnet an diesem Tag sind Sie unabkömmlich. Der Grund kann im geschäftlichen oder im privaten Bereich liegen.

   Ziel > Sie erklären Ihr Fernbleiben auf glaubwürdige Weise und erwecken bei Ihrer Freundin oder Bekannten Verständnis. Freunde nicht verärgern, damit Ihre gute Beziehungen aufrechterhalten werden.

5.2 Gesuche und Einsprachen

Einleitung zum Gesuch

Gesuche und Einsprachen

Oft hängt die Bewilligung eines Gesuchs oder der Erfolg bei einer Einsprache von der gelungenen Argumentation ab: Gelingt es, klar zu schildern, worum es geht, die Sachlage logisch wie auch überzeugend darzulegen, gute Gründe für eine positive Antwort aufzuzeigen, dann stehen Ihre Chancen gut. Kurz gesagt, heisst dies: Zwei gute Argumente, die wirkungsvoll formuliert sind, versprechen mehr Erfolg als zehn mittelmässige, nicht sonderlich gut formulierte. Wer sich also treffend, korrekt und wirkungsvoll ausdrücken kann, der hat in diesem Falle alle Vorteile auf seiner Seite. Bei der Einsprache spielen auch die Präzision der Angaben und ihre Verknüpfung mit der Argumentation eine sehr gewichtige Rolle; ein kleiner Fehler – und schon ist Ihre Einsprache wirkungslos, speziell wenn es gilt, sich an behördliche Vorgaben zu halten (bestehendes Formular, vorgegebene Darstellung und/oder Reihenfolge der Angaben etc.).

In keinem Falle sind aber Wut und Ärger gute Ratgeber; dies sollten Sie beim Schreiben immer berücksichtigen. Beschimpfungen u. Ä. haben noch nie zum Erfolg geführt und gehören weder in einen Geschäftsbrief noch in ein Gesuch oder in eine Einsprache. Natürlich werden Sie sich über Dinge ärgern, das ist nicht zu vermeiden, aber bitte seien Sie vorsichtig bei der Verschriftlichung Ihrer Emotionen; denn dies könnte sich als Bumerang für Ihre Interessen erweisen; und das müssen Sie unbedingt vermeiden.

RECHTLICHER HINTERGRUND

Gesuche

Verschiedenste Tätigkeiten im Leben eines Menschen unterliegen einer Bewilligungspflicht – ob man nun ein Haus bauen, ein Restaurant eröffnen oder ein grösseres Fest veranstalten will. Die entsprechenden Bewilligungen werden von der zuständigen Verwaltungsbehörde auf Gesuch hin erteilt. Der Gesuchsteller muss in seinem Gesuch vollständige und wahre Angaben machen, sonst läuft er Gefahr, die Bewilligung nachträglich zu verlieren und für die unwahren Angaben allenfalls sogar bestraft zu werden. Sofern die Voraussetzungen für die Erteilung einer Bewilligung im Einzelfall vorliegen, hat der Gesuchsteller gegenüber der Behörde einen Rechtsanspruch auf die Bewilligungserteilung. Ergibt die Prüfung der Behörde hingegen, dass die Voraussetzungen nicht erfüllt sind, wird das Gesuch abgewiesen.

Stellt man ein Gesuch, auf dessen Bewilligung man hofft, ist es sehr wichtig, den Sachverhalt verständlich und überzeugend darzulegen und stichhaltig zu begründen, weshalb man eine Bewilligung braucht. Auf eine präzise und sachliche Formulierung muss hier ein besonderes Augenmerk gerichtet werden, damit das Gesuch seine angestrebe Wirkung nicht verfehlt. Es empfiehlt sich hier, sich vorgängig nach allfälligen Eingabefristen zu erkundigen – denn sind solche Fristen verpasst, ist die Behörde nicht mehr verpflichtet, auf ein entsprechendes Gesuch einzutreten. Sowohl bei Gesuchen als auch bei Einsprachen ist es deshalb ratsam, sich von fachkundigen Personen beraten zu lassen.

5.2 Gesuche und Einsprachen — Einleitung zum Gesuch

DAS GESUCH

Wer schreibt wem?	> **Betrieb an Behörde** z. B. Unternehmung an Bauverwaltung > **Untergebene an Leitungsperson** z. B. Angesteller/Angestellte an Chefin/Chef
Was ist **das Ziel**?	> **Bewilligung oder Zustimmung** für ein Vorhaben, das eine Genehmigung verlangt; z. B. längere Öffnungszeiten, Sonderurlaub, finanzielle Unterstützung
Was darf **nicht fehlen**?	> **Korrekte Adresse der zuständigen Stelle** und evtl. Name der Ansprechperson > Genaue **Erläuterung der Situation** > Stichhaltige **Begründung** > **Bitte um Genehmigung** > Evtl. **Nutzen für die Gegenpartei**
Wie **schliesst** der Brief?	> **Hoffnung** auf positive Antwort! > **Dank** für das Entgegenkommen

5.2 Gesuche und Einsprachen — Beispiele und Aufgaben zum Gesuch

A

Franziska Meier
Fabrikstrasse 41
3012 Bern

Einschreiben

Eisenhut AG
Herr Paul Müller
Hungerbühlweg 4
3012 Bern

21. August 20..

Gesuch
Bezahlter Urlaub vom 7. bis 28. November 20..

Sehr geehrter Herr Müller

Seit einem halben Jahr arbeite ich zu 80 % in Ihrem Betrieb. In meiner Freizeit bereite ich mich an der WKS KV Bern auf die Berufsmaturität vor.

Diese Woche habe ich erfahren, dass die Parallelklasse einen dreiwöchigen Sprachkurs in Frankreich absolvieren wird, und zwar vom 7. bis 28. November in Dijon. Gerne möchte ich an diesem Sprachkurs teilnehmen. Wie Sie bereits beim Qualifikationsgespräch erwähnt haben, betrachten Sie diese Weiterbildung als ideal für mich, damit ich die Kunden aus dem Jura besser bedienen kann.

Dieses Jahr habe ich meine Ferien bereits bezogen; deshalb bitte ich Sie, mir drei Wochen bezahlten Urlaub zu bewilligen.

Gerne möchte ich nächste Woche mit Ihnen ein Gespräch über diesen Aufenthalt führen. Am kommenden Montag werde ich mich telefonisch bei Ihnen melden.

Freundliche Grüsse

F. Meier
Franziska Meier

B

Eisenhut AG
Paul Müller
Hungerbühlweg 4
3012 Bern

Frau
Franziska Meier
Fabrikstrasse 41
3012 Bern

25. August 20..

Bezahlter Urlaub
Ihr Gesuch vom 21. August 20..

Sehr geehrte Frau Meier

Mit Ihrem Brief bitten Sie um drei Wochen bezahlten Urlaub. Sie beabsichtigen in dieser Zeit einen Sprachkurs in Dijon zu absolvieren. Ich bin der Meinung, dass Sie und das Geschäft davon profitieren. Ihrem Begehren gebe ich also statt.

Ich unterstütze Sie gerne bei Ihrer Weiterbildung, knüpfe aber meine Zustimmung an zwei Bedingungen:

– Sie verpflichten sich, die nächsten zwei Jahre in unserem Betrieb tätig zu bleiben.
– Sie übernehmen nach dem Kurs die französische Korrespondenz.

Falls Sie mit meinem Vorschlag einverstanden sind, bitte ich Sie, bis 1. September mit Frau Karin Häberli Kontakt aufzunehmen. Sie wird mit Ihnen die Einzelheiten besprechen.

Viel Erfolg bei Ihrem Sprachaufenthalt.

Freundliche Grüsse

Eisenhut AG

P. Müller
Paul Müller

> Originale siehe S. 117/118 oder unter www.hep-verlag.ch

AUFGABEN

1. Eine Klasse entschliesst sich sehr kurzfristig, nach ihrer Abschlussprüfung ein grosses Fest mit ihren Ausbildern und Lehrerinnen zu feiern. Die Suche nach einem geeigneten Raum erweist sich als schwierig, und der Klassensprecher oder die Klassensprecherin erhält den Auftrag, bei der Gemeinde … ein Gesuch zur Benützung der Turnhalle der Primarschule einzureichen.

    Ziel > Ihrem Gesuch wird stattgegeben, denn Sie sichern der Kommission zu, dass Sie die Halle in einem tadellosen Zustand hinterlassen.
    > Bewilligung!

2. Sie haben vor, Ihren nächsten Geburtstag in einer Waldhütte zu feiern. Sie haben bereits mit der zuständigen Person in der Gemeindeverwaltung gesprochen, und nun reichen Sie das schriftliche Gesuch zur Benützung der Hütte ein. Dank Ihrer sorgfältigen Planung des Anlasses können Sie bereits allfällige Bedenken (z. B. wegen Lärm) zerstreuen.

    Ziel > Ihrem überzeugenden Gesuch wird stattgegeben.
    > Bewilligung!

5.2 Gesuche und Einsprachen

Einleitung zur Einsprache

DIE EINSPRACHE

Wer schreibt wem?	> **Betrieb an Behörde** z. B. Unternehmung an Bauverwaltung > **Privatperson an Behörde** z. B. Nachbar an Stadtpolizei
Was ist **das Ziel**?	> Ablehnung eines Vorhabens, das eine behördliche Genehmigung verlangt: z. B. längere Öffnungszeiten, Bauvorhaben, Sonderrechte u. Ä. **Wichtig:** > Gut informiert ist halb gewonnen! > Genauigkeit ist gefragt!
Was darf **nicht fehlen**?	> **Versand als Einschreiben** > **Korrekte Adresse der zuständigen Stelle** und eventuell Name der Ansprechperson > Genaue **Erläuterung der Situation** > Logische, klare **Begründung, warum NEIN!** > **Bitte um Ablehnung des Vorhabens**
Wie **schliesst** der Brief?	> **Hoffnung** auf Gutheissen der Einsprache > **Dank**

RECHTLICHER HINTERGRUND

Einsprachen

Im täglichen Leben müssen Behörden immer wieder Entscheidungen treffen und Verfügungen erlassen, die den einzelnen Bürger betreffen. Ist man als Bürger mit einem solchen Vorgehen nicht einverstanden, weil man z. B. der Meinung ist, ein Strafmandat sei zu Unrecht erteilt worden, kann man sich dagegen zur Wehr setzen, indem man eine Einsprache erhebt. Sehr wichtig dabei sind die gesetzlichen Fristen, da die zuständige Behörde sonst nicht mehr verpflichtet ist, auf die Einsprache einzutreten. Die Behörde ist verpflichtet, ihren Einsprache-Entscheid dem Einsprechenden mitzuteilen und ihn zu begründen. Der Einsprechende hat sodann die Möglichkeit, den Einsprache-Entscheid bei der nächsthöheren Behörde anzufechten.

Auch bei der Einsprache hängt sehr viel von einer stichhaltigen und sachlichen Begründung ab – der Einsprechende muss Punkt für Punkt darlegen, weshalb er mit dem behördlichen Vorgehen nicht einverstanden ist. Sachlichkeit ist hier oberstes Gebot – es lohnt sich nicht, seinem Unmut im Rahmen einer Einsprache Ausdruck zu geben, denn damit ist überhaupt nichts gewonnen. Juristische Laien sind durch solche Verfahren häufig überfordert, da die rechtlichen Vorgaben relativ komplex sind und unbedingt eingehalten werden müssen. Es empfiehlt sich daher auch hier, sich rechtzeitig an einen Rechtsdienst oder einen Rechtsanwalt, eine Anwältin zu wenden und sich fachkundig beraten zu lassen.

5.2 Gesuche und Einsprachen
Beispiele und Aufgaben zur Einsprache

A

Urs Klauber
Müslinweg 27
3074 Muri

Einschreiben

Bauverwaltung der Gemeinde Muri
Herr Paul Zwahlen, Bauverwalter
Thunstrasse 44
3074 Muri

Amtsanzeiger vom 10. Dezember 20.. – Einsprache
Baupublikation Nr. 22, Parzelle 7573

Sehr geehrter Herr Zwahlen

Mein Nachbar, Herr Hansmartin Meliger, will auf seinem Grundstück einen zweiten Autounterstand errichten. Der oben erwähnten Publikation entnehme ich, dass er das entsprechende Baugesuch bei Ihnen eingereicht hat. Gegen dieses Vorhaben erhebe ich Einsprache.

Begründungen:

1. Mein Gartensitzplatz grenzt direkt an den Teil des Grundstücks von Herrn Meliger, den er für den zweiten Unterstand vorgesehen hat; der Blick auf die Berge wäre mir durch die geplante Holzwand völlig verwehrt. Damit bin ich nicht einverstanden, auch weil sich der Verkaufswert meiner Liegenschaft dadurch deutlich vermindern würde.

2. Die vorgesehene Höhe des Dachs entspricht nicht den Vereinbarungen, die wir im Rahmen eines gegenseitigen Näherbaurechts definiert hatten; die Maximalhöhe haben wir vor ca. 15 Jahren auf 2,6 m festgelegt (Kopie der beglaubigten Vereinbarung liegt bei); gemäss den Angaben im Baugesuch ist aber eine Höhe von 2,8 m vorgesehen. Diese Höhenüberschreitung stellt für mich klar einen Verstoss gegen unsere Vertragsvereinbarung dar.

Vielen Dank für die Überprüfung der Fakten! Ich hoffe, Sie heissen danach meine Einsprache gut und lehnen das Bauvorhaben von Herrn Meliger in der vorliegenden Form ab. Für Auskünfte stehe ich Ihnen zur Verfügung.

Freundliche Grüsse

Urs Klauber
Urs Klauber

– Kopie Vertrag gegenseitiges Näherbaurecht

B

Genossenschaftliche Quartier-Beiz «Höllerli»
Mittelstrasse 9
3007 Bern

Einschreiben

Gesundheitsinspektorat der Stadt Bern
Herr Kurt Bolliger
Junkerngasse 33
3011 Bern

3. Juni 20..

Einsprache gegen die Auflage des Gesundheitsinspektors

Sehr geehrter Herr Bolliger

Am 15. Mai 20.. haben Sie in meiner Küche die Lüftung kontrolliert und die Funktion der Ventilatoren geprüft. Im Anschluss haben Sie mir mitgeteilt, dass ich innerhalb der nächsten 4 Wochen den Antriebsmotor ersetzen muss. Gegen diese Auflage erhebe ich Einsprache.

Meine Begründung:

1. Vor 2 Jahren habe ich die gesamte Lüftungsanlage revidieren lassen; dies hat mich CHF 12 000.– gekostet. Eine Erneuerung des Motors beliefe sich nun nochmals auf CHF 4500.–, was mein diesjähriges Budget leider übersteigt.

2. Die gegenwärtige Wirtschaftslage wirkt sich auch auf meine Aufträge aus. So sind die Bestellungen in den letzten Monaten um fast 20 % zurückgegangen. Ich muss meine Ausgaben drastisch kürzen, um ein Defizit zu vermeiden. Eine Investition der erwähnten Grösse würde mich in finanzielle Schwierigkeiten bringen.

Ich schlage Ihnen vor, dass ich im Juli eine gründliche Reinigung mit Teilrevision, voraussichtliche Kosten ca. CHF 1000.–, vornehme und den Ersatz des Motors auf das kommende Jahr verschiebe.

Sind Sie mit diesem Vorschlag einverstanden?

Ich hoffe auf Ihre positive Antwort und grüsse Sie freundlich.

Genossenschaftliche Quartier-Beiz «Höllerli»

Céline Alder
Céline Alder, Geschäftsführerin

AUFGABEN

1. Unerwartet erhalten Sie eine schriftliche Aufforderung vom zuständigen Richteramt, Ihre Parkbusse im Betrag von CHF 60.– vom 14. April zu bezahlen. Sie erinnern sich aber genau daran, dass Sie an diesem Abend zu Hause waren. Sie hatten nämlich Ihrer Tochter Ihr Auto ausgeliehen, und diese war an einem völlig anderen Ort unterwegs.

   Ziel > Mit Ihrer stichhaltigen Einsprache erreichen Sie, dass die Busse zurückgezogen wird.

2. Die Bewohner eines Quartiers erheben Einsprache gegen folgendes Vorhaben: Ein traditionelles Café soll in ein Rock-Café umgewandelt werden. Die Anwohner befürchten, einen wichtigen Treffpunkt zu verlieren und nachts durch Lärm gestört zu werden. Für Jugendliche gebe es bereits geeignete Lokale.

   Ziel > Mit Ihren treffenden Argumenten überzeugen Sie die Behörde, die Umwandlung abzulehnen.

6 Fax und E-Mail

Die E-Mail ist heute nicht mehr wegzudenken. Jederzeit kann von zu Hause, aus den Ferien oder im Büro in alle Welt kommuniziert werden. Der Empfänger erhält die Nachricht innert Minutenfrist. Er entscheidet selber, wann er sie lesen will. Das Telefax dient als Vorankündigung für Aufträge oder Absagen, die rasch übermittelt und mit einer Unterschrift beglaubigt werden müssen. Fax wie auch E-Mail ersetzen in Geschäften, bei denen die handschriftliche Unterschrift im Original verlangt wird, den eingeschriebenen Brief nicht.

6 Fax und E-Mail

E-Mail

Weltweit sind täglich mehrere Millionen E-Mails unterwegs, das ist ein Vielfaches mehr als im konventionellen Briefverkehr. Was aber manche nicht wissen: Auch für die elektronische Post gibt es «Benimmregeln».

Betreff angeben

Der Betreff gibt dem Empfänger eine erste Information, einen ersten Anhaltspunkt. Diese Mitteilung sollte form- und formatierungslos sein, also verzichten Sie auf Fett- und Kursivschriften sowie auf Schriftartenwechsel und Absatzformatierungen.

Tipp- und Rechtschreibefehler vermeiden

Obwohl Mails oft sehr schnell verfasst und versandt werden, sollten Sie sich die Zeit nehmen, Ihren Text vor dem Abschicken nochmals durchzulesen und allfällige Fehler zu korrigieren.

Ein fehlerhafter Text ist schwieriger zu verstehen und bietet mehr Anlass zu Missverständnissen. Zudem wirkt eine unkorrigierte Mail schludrig und unhöflich.

Gestaltung

Wer einen schön gestalteten Brief schreiben will, tut dies besser auf Papier. Der E-Mail-Empfänger wird nämlich die Gestaltungsmittel nicht zwingend so sehen, wie es der Absender beabsichtigt hat, wenn er nicht dasselbe Mailprogramm und dieselbe Schrift verwendet.

Trotzdem gilt es beim Schreiben zwei Gestaltungsregeln zu beachten:
> GROSSBUCHSTABEN gelten im Internet als aufdringlich.
> Konsequente Kleinschreibung hingegen reduziert vielleicht den Aufwand beim Verfassen des Textes, erschwert aber die Lesbarkeit; verzichten Sie lieber darauf.

Zitieren – aber nur das Wichtigste

Erhält man eine Antwort auf eine Mail, muss man meistens seine ursprüngliche Nachricht nochmals öffnen. Es kann zwar angebracht sein, beim Beantworten einer Mail wichtige Textpassagen zu zitieren, aber keinesfalls die ganze Nachricht. Durch die Funktion des «Quotens» lassen sich die Zitate auf wenige Zeilen beschränken, und Sie können dann direkt zu der zitierten Passage Stellung nehmen.

Höflichkeit

Auch wenn Sie es eilig haben und E-Mails als ein unkompliziertes Kommunikationsmittel schätzen: Anrede und Grussformel sind ein absolutes Muss! Sollten Sie den resp. die Empfänger nicht namentlich kennen, verwenden Sie ruhig die bekannte Anrede «Sehr geehrte Damen und Herren».

Erweist Ihnen jemand auf elektronischem Weg einen Gefallen, ist ein Dank sehr rasch geschrieben und versandt.

Unverzügliche Antwort

Wer mailt, hat es meistens eilig. Es empfiehlt sich, unverzüglich zu antworten. Firmen, die eingehende E-Mails nicht innerhalb von 24 Stunden beantworten – und sei es nur mit einer Vertröstung auf eine später folgende ausführliche Antwort –, laufen Gefahr, Kunden zu verlieren.

Den «Anrufbeantworter» einschalten

Wenn Sie aus irgendeinem Grund mehrere Tage Ihre Mails nicht bearbeiten möchten respektive können, schalten Sie doch einfach den «Anrufbeantworter»,

6 Fax und E-Mail

die Abwesenheitsschaltung (auch «Abwesenheis-Assistent»), ein. Wer Ihnen eine Nachricht schickt, erfährt gleich, wie lange er auf eine Antwort warten muss.

Attachments komprimieren

Wer umfangreichere Beilagen in einem Attachment verschicken muss, sollte diese vor dem Versand komprimieren. Dadurch werden sie kleiner und können einfacher übertragen werden.

Texte nicht herumreichen

Die Funktion «Weiterleiten», die per Mausklick ermöglicht, Mails an Drittpersonen zu schicken, ist nicht unproblematisch. Sie riskieren durch diesen Vorgang, Datenschutzrichtlinien zu verletzen, wenn der Schreiber keine Erlaubnis für das Weiterleiten erteilt hat. Abgesehen davon mögen es nicht alle, wenn ihre Texte (innerhalb einer Firma) die Runde machen.

Adressen nicht öffentlich machen

Der Versand von Gruppenmails kann datenschutzrechtlich heikel sein, da alle Adressen im «To/An»-Feld ersichtlich sind. Somit können sämtliche Empfänger alle E-Mail-Adressen sehen. Oft gelangen diese Adressen in weitere Verteilerlisten. Um dies zu vermeiden, kopieren Sie besser die Adressen ins «Bcc:»-Feld (blind carbon copy = Blindkopie), und die Empfänger der Gruppenmail bleiben anonym. In der Regel wird aber von den Empfängern gewünscht, dass ersichtlich wird, welcher Personenkreis mit der Information bedient wurde. Die transparente Kommunikation kann Missverständnisse und Intrigen verhindern – also vorsichtig und sehr sparsam mit dem «Bcc:»-Feld umgehen.

Nie mailen, wenn …

E-Mails stellen eine sehr schnelle Kommunikationsmöglichkeit dar. Nicht immer ist es opportun, diese Vorteile zu nutzen. Als völlig ungeeignet erweist sich dieses Medium, wenn …
- Emotionen im Spiel sind, da dem Leser/der Leserin die Mimik und Gestik des Gegenübers in solchen Situationen fehlen und damit Spekulationen wie auch Interpretationen viel Raum gegeben wird.
- Sie verärgert sind und ausbruchartig sogleich reagieren möchten! Einige Zeit verstreichen lassen, um vielleicht danach zum Telefon zu greifen oder sogar im persönlichen Gespräch die Angelegenheit zu bereden, kann Wunder wirken!

Fax

Das Fax wurde zunehmend durch das E-Mail abgelöst. In der Praxis werden Bestätigungen irgendwelcher Art oft per Fax versandt. Bei einer kurzfristigen Absage, beim Widerruf einer Bestellung oder einer Dienstleistung sowie für eine Mängelrüge bei verderblichen Waren sind wir geradezu auf ein Faxgerät angewiesen.
Solche Schriftstücke müssen oft in grosser Eile verfasst werden, und ein langes «Feilen» an Formulierungen wird schlichtweg unmöglich. Trotz Zeitdruck haben wir darauf zu achten, dass ein Fax sowohl unmissverständlich als auch mit der angebrachten Höflichkeit verfasst ist. Es ist zu bedenken, dass die Unterschrift auf dem Fax in den meisten Fällen ebenso verpflichtend ist wie auf einem konventionellen Brief.

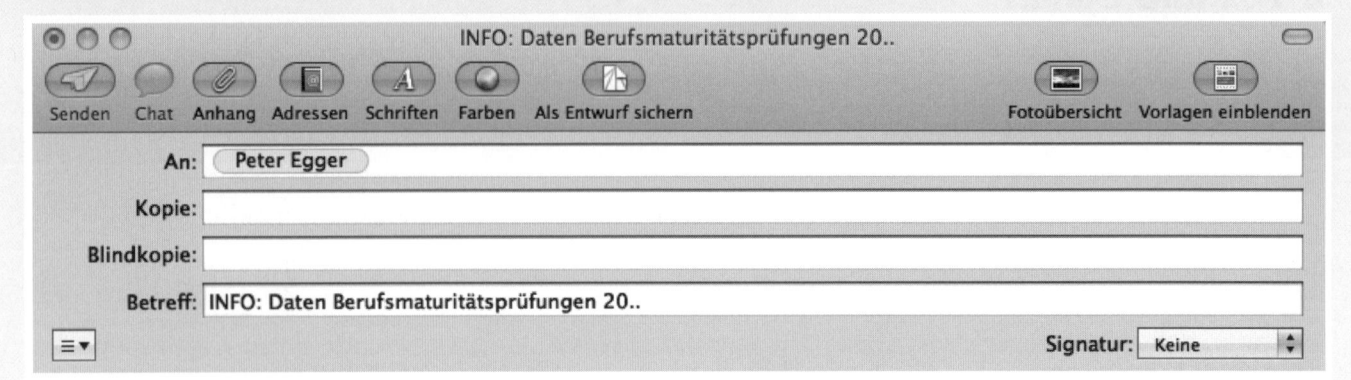

An: Peter Egger
Betreff: INFO: Daten Berufsmaturitätsprüfungen 20..

Sehr geehrte Hauptexpertinnen und Hauptexperten

Im Anhang erhalten Sie die Excelliste mit den Prüfungsdaten der Berufsmaturitätsprüfungen 20... sowie die Dokumente «Grobplanung BMP», welche die Kandidatinnen und Kandidaten nächste Woche von den Fachlehrpersonen erhalten. Bitte halten Sie sich Ihre Prüfungsfsdaten frei …

Freundliche Grüsse

Kaufmännische Berufsfachschule Laupen
Paul Möri
Vizedirektor und Prüfungsleiter

Hauptstrasse 34
Postfach 284
3177 Laupen
Tel 031 328 30 00 (30 11; Direktwahl)
Fax 031 328 30 29
paul.moeri@kv-laupen.ch
www.kv-laupen.ch

ERZ2DB-419...XLS (29.0 KB) LI_2010_Übe...doc (106 KB) LI_2010_Übe...doc (105 KB)

TELEFAX

hep
der bildungsverlag
www.hep-verlag.ch

hep verlag ag
Brunngasse 36
Postfach
3000 Bern 7

Tel. 031 310 29 29
Fax 031 318 31 35
Info@hep-verlag.ch

Absender	Brigitte Steiner
Empfänger	Art ware shop Frau Priska Meier Hauptstrasse 3 3000 Bern
Fax-Nr. Empfänger	031 516 30 20
Datum	15. Juni 20..
Betrifft	**Bestellung**
Seiten inkl. Deckblatt	1

Sehr geehrte Frau Meier

Bitte senden Sie uns gegen Rechnung die folgenden zwei Artikel:

– **Pantone Solid Chips**
– **Pantone Process Chips**

Vielen Dank und freundliche Grüsse

hep verlag ag

B. Steiner

Brigitte Steiner
Sekretariat

# 7 Protokoll

Das Protokoll dient als Informationsträger, Gedächtnisstütze und als Beweismittel.

7 Protokoll

Das Protokoll ist ein sachlicher Bericht über Inhalt, Verlauf und Ergebnis von Verhandlungen, Besprechungen, Sitzungen oder Versammlungen. Protokollieren bedeutet demnach, den Verhandlungsablauf einer Sitzung in mehr oder weniger geraffter Form **schriftlich** wiederzugeben.

Das Protokoll dient:
> den Teilnehmenden als **Gedächtnisstütze.**
> den an der Sitzung abwesenden Personen als **Information.**
> in Zweifelsfällen als verbindliche und beweiskräftige **Dokumentation.**

Grundsätzlich unterscheiden wir drei Protokollarten:

1. Das wörtliche Protokoll

Bei dieser Art des Protokollierens müssen Sie den ganzen Verhandlungsverlauf **wörtlich** festhalten. Dies ist sehr aufwändig und macht nur dort Sinn, wo jedes Wort wichtig ist und beweiskräftig wird (z. B. im National- und Ständerat oder in Gerichtsverhandlungen werden Wortprotokolle verlangt).

2. Das Kurzprotokoll
    (zusammenfassendes Protokoll)

Der Gang der Verhandlung wird sowohl wörtlich als auch in gekürzter Form festgehalten. Das Kurzprotokoll hält nicht nur die Beschlüsse fest, sondern es sollte auch die wichtigsten Überlegungen und Argumente enthalten, die zu einem Antrag oder zu einem Beschluss geführt haben. Bei dieser Protokollart gilt es deshalb besonders, im Verhandlungsgang Wichtiges von Unwichtigem zu unterscheiden. Dabei ist es allerdings nicht immer einfach zu entscheiden, welche Beratungen bedeutsam sind und demnach zu Protokoll gebracht werden müssen und welche man vernachlässigen darf. Hilfreich ist es, wenn Sie sich dabei während der Mitschrift von sog. **Signalen** leiten lassen, die Ihnen Wichtiges zu erkennen geben. Solche Signale sind beispielsweise:
> direkte Hinweise der Teilnehmenden wie: «besonders wichtig scheint mir …», «ein wesentlicher Punkt ist doch …», «diese Aussage widerspricht dem vorher Geäusserten …»
> indirekte Hinweise wie z. B. das Wiederholen bestimmter Begriffe und Aussagen, betonende Hervorhebungen: «… und ich sage es noch einmal, der finanzielle Spielraum der Gemeindebehörde ist sehr eng …»
> Skizzen auf Flipchart, Proki u. a. m.

Bei der Durchsicht des Kurzprotokolls bleibt immer als oberstes Kriterium die sachliche Wiedergabe der Verhandlung, sodass ein der Sitzung Ferngebliebener den Prozess der Meinungsbildung nachvollziehen und verstehen kann!

3. Das Beschlussprotokoll

Das Beschlussprotokoll ist die rationellste und kürzeste der drei Protokollarten. Es eignet sich daher besonders für längere Sitzungen und Verhandlungen mit grösserer Teilnehmerzahl. Das Beschlussprotokoll hält ausschliesslich die Beschlüsse einer Verhandlung fest und dient daher in erster Linie als Dokumentation der Ergebnisse. Wie es zu den Beschlüssen bzw. Anträgen gekommen ist, wird darin nicht aufgenommen.

7 Protokoll

Mischformen

Kein Protokollführer hält sich streng an die eine oder andere Protokollart! Häufig ist es sinnvoll, zwischen Beschluss- und Kurzprotokoll zu wechseln und eine sog. Mischform anzuwenden. Vielleicht werden Sie sogar ein wichtiges Votum wörtlich übernehmen und alle drei Protokollarten gleichzeitig anwenden. Als Protokollführer gilt es, aufmerksam zuzuhören und je nachdem, wenn es die Situation verlangt, auf die eine oder andere Form zu wechseln.

Protokollrahmen

Alle Protokolle haben gemeinsame äussere Merkmale. Ein jedes nennt Ort, Zeit, Datum, Teilnehmer und entschuldigte Abwesende, Traktanden, Dauer, Datum der Anfertigung, Name und Unterschrift der Protokollanten.

> **Die 5 W-Fragen** helfen Ihnen als Gedächtnisstütze, um den Protokollmantel korrekt zu erstellen:
>
> | **Wo?** | **Wann?** | **Wer?** | **Warum?** | **Wie lange?** |
> |---|---|---|---|---|
> | Ort | Datum | Teilnehmer | Traktanden | Dauer |
>
> > Anwesende
> > Entschuldigt
> > Protokollführer/-in

Protokollieren will geübt sein!

Als Protokollführerin/Protokollführer müssen Sie versuchen, einen möglichst sachlich-distanzierten Stil zu verwenden. Zu einem solchen Stil gehört:
> der Verzicht auf wertende Ausdrücke (Adjektive, Adverbien), also nicht: «Der betagte Vorsitzende eröffnet mit leicht zitternder Stimme die ordentliche Eigentümerversammlung mit folgenden nur schwer verständlichen Worten: …»
> die Verwendung von distanzierenden Verben bei abgegebenen Voten: der Votant betont, legt Wert auf, erläutert, definiert etc.
> der Verzicht auf die etwas schwerfällig wirkende indirekte Rede, wo dies möglich ist.
> die Verwendung des Präsens oder der Vergangenheit
> die Verwendung des Aktivs statt des Passivs
> die Verwendung von Verben statt abstrakter Nomen

Folgende Eigenschaften sind für einen guten Protokollanten zudem unerlässlich, er sollte:
> fähig sein, Wesentliches von Unwesentlichem zu unterscheiden.
> das Gehörte möglichst unverfälscht/authentisch wiedergeben.
> sprachlich so gewandt sein, dass der Verlauf eines Protokolls nachvollziehbar wird.
> unparteiisch sein, eine distanzierte Haltung einnehmen.
> sich konzentrieren können, da – wenn er nicht mit einem Aufnahmegerät ausgestattet ist – das Gehörte nicht wiederholt wird und der Protokollierende sofort reagieren muss.

Interne Sitzung Architekturbüro Bänz und Bucher

Kurzprotokoll Nr. 21

Vorsitz	Ernst Bänz (Architekt)
Protokoll	Anna Szeleny (Kauffrau)
Teilnehmende	Roland Bucher (Architekt), Marc Hunziker (Hochbauzeichner), Karin Renfer (Lernende Hochbauzeichnerin), Ralph Ruchti (Hochbauzeichner), Dominic Schwab (Lernender Kaufmann)
Entschuldigt	Monique Bandi (Hochbauzeichnerin)
Abwesend	–
Verteiler	Teilnehmende, Vertretung Bauherren Siedlung Sonnmatte: Herr Bruno Flückiger
Ablage	Intranet: www.bänzundbucher.ch/Sitzungsprotokolle20..

Datum	4. Oktober 20..
Ort	Sitzungszimmer 39
Beginn	10.30 Uhr
Ende	11.30 Uhr

Traktanden
1. Protokoll der letzten Sitzung
2. Serviceleistungen von Plottern und Kopierern
3. Einigungssitzung zu Einsprache Siedlung Sonnmatte
4. Rekrutierung Lernender/Lernende Kaufleute
5. Verschiedenes
6. Nächste interne Sitzung

1. Protokoll der Sitzung vom 27. August 20..
Das Protokoll wird ohne Änderungen genehmigt, vielen Dank. Zu ergänzen ist, dass sich für die Liegenschaft Ringweg 2A bis jetzt kein ernsthafter Interessent gemeldet hat.

2. Serviceleistungen von Plottern und Kopierern
Seit 2001 haben wir ein Serviceabonnement mit der Copywell AG. In den letzten sechs Monaten haben wir wiederholt die schlechte Druckqualität, häufige Störungen an den Geräten und lange Wartezeiten (Monteur) beanstandet. Ernst Bänz hat sich zweimal mündlich und Ann Szeleny einmal schriftlich beschwert; als Antwort bekamen wir lediglich fadenscheinige Entschuldigungen, und die Geräte funktionieren weiterhin mangelhaft. Aus diesen Gründen haben wir uns entschlossen, das Abonnement bei Copywell zu kündigen und unverzüglich eine Offerte bei der Firma Printfast einzuholen.

3. Einigungssitzung zur Einsprache Siedlung Sonnmatte
Zur geplanten Einfamilienhaus-Siedlung Sonnmatte ist von den Eigentümern der EFH Sonnenweg 3 eine Kollektiveinsprache erhoben worden, und zwar wegen der Einfahrt zur gemeinsamen Tiefgarage. Die Eigentümer befürchten Lärm- und Geruchsimmissionen und eine Minderung des Verkaufswertes ihrer Liegenschaften. Die Gemeindeverwaltung Breitmoos hat zu einer Einigungssitzung aufgeboten: Dienstag, **14. Oktober 20.., 10.00 Uhr.** Roland Bucher wird die Vertretung unserer Interessen übernehmen.

4. Rekrutierung Lernender/Lernende Kaufleute

Nächsten Sommer, am 31. Juli 20.., wird uns Dominic Schwab nach Abschluss seiner Lehre verlassen. Anna Szeleny hat in den letzten beiden Monaten mit drei «Schnupperlehrlingen» gearbeitet und sich zusammen mit Ernst Bänz entschieden, ab 1. August 20.. die 16-jährige Vanessa Schmid als neue Lernende einzustellen.

5. Verschiedenes

- Die neue Kaffeemaschine ist bestellt, und wir werden uns nicht mehr um passendes Kleingeld bemühen müssen. Ab Montag, 8. Oktober, können bei Anna Szeleny Jetons bezogen werden.
- Unser traditionelles Weihnachtsessen findet am 15. Dezember 20.. im Restaurant Schwanen in Breitmoos statt. Es sind wiederum alle Partnerinnen und Partner herzlich eingeladen.

6. Nächste interne Sitzung

Die nächste interne Sitzung findet am **Mittwoch, 27. November 20.., um 10.30 Uhr** im Sitzungszimmer 39 statt.

Das Protokoll wurde am 5. Oktober 20.. erstellt.

Der Vorsitzende						Für das Protokoll

Ernst Bänz						Anna Szeleny

Sitzung des Stiftungsrates SIMENO AG/SA, Brügg

Protokoll Nr. 16

Vorsitz	Karl König
Protokoll	Hans Marusi
Teilnehmer	Frau Paula Gerber, Herren Patrik Greub, Kurt Schweizer, Antonio Rossi, Viktor Stähli
Abwesend	–
Verteiler	alle
Datum	10. April 20..
Ort	Sitzungszimmer 133, 3. Stock
Beginn	16.00 Uhr
Ende	17.15 Uhr

Personalvorsorgestiftung SIMENO AG/SA, Sitzung des Stiftungsrates

Traktanden:
1. Protokoll der letzten Sitzung
2. Änderungen/Bemerkungen zur Traktandenliste
3. Jahresrechnung 20..
4. Bericht der Kontrollstelle
5. Genehmigung der Jahresrechnung 20..
6. Beschlussfassung über Verwendung des freien Stiftungsvermögens
7. Verschiedenes

1. Protokoll der Sitzung vom 28. November 20..
Das Protokoll ist mit Dank an den Verfasser ohne Änderungen genehmigt.

2. Änderungen/Bemerkungen zur Traktandenliste
Keine Änderungen/Bemerkungen/Ergänzungen

3. Jahresbericht 20..
Herr Bertschinger erläutert einige Punkte der den Stiftungsratsmitgliedern vorgängig zur Sitzung zugestellten Jahresrechnung 20..
- Das von uns verwaltete Vermögen hat per 31.12.20.. um CHF XXXX auf CHF XXXX zugenommen. Die Bilanzsumme beträgt neu CHF XXXX.
- Das von der Rentenanstalt verwaltete Vermögen aus den Vollversicherungsverträgen hat sich um CHF XXXX auf CHF XXXX verringert.
- Im Auftrag des Verwaltungsrates wurden erneut CHF XXX Mio der Arbeitgeberbeitragsreserven aufgelöst.
- Die Wertschwankungsreserven konnten um CHF XXXX auf CHF XXXX erhöht werden, sie belaufen sich auf XX% der Vermögensanlagen.
- Der im Geschäftsjahr 20.. erzielte Ertragsüberschuss beträgt CHF XXXX, was einer Performance von XX% entspricht, nach Abzug der zusätzlichen Kursschwankungsreserven von CHF XXXX.
- Der ausgewiesene Deckungsgrad beträgt neu XX% ohne Einbezug des von der Rentenanstalt verwalteten Kapitals. Wird das Deckungskapital der Rentenanstalt einbezogen, beträgt der Deckungsgrad immer noch ausgezeichnete XX%.

- Der negative Nettoertrag der Immobilien von CHF XXXX resultiert aus der direkten Abschreibung der Renovationskosten für die Badezimmer von rund CHF XXXX.
- Die Anlagen beim Arbeitgeber (Simeno-Aktien) erzielten dank des starken Anstiegs der Aktienkurse einen Nettoertrag von CHF XXXX. Damit wurde der im letzten Geschäftsjahr erlittene Verlust von CHF XXXX mehr als wettgemacht.

4. Bericht der Kontrollstelle
Die Jahresrechnung 20.. wurde von der Kontrollstelle vom 21. bis 23. März 20.. ohne Hinweise oder Anträge auf Ergänzungen revidiert. Der schriftliche Bericht liegt noch nicht vor. Er wird den Stiftungsratsmitgliedern jedoch sofort nach Erhalt zugestellt.

5. Genehmigung der Jahresrechnung 20..
Die Jahresrechnung 20.. wird durch den Stiftungsrat einstimmig genehmigt.

6. Beschlussfassung über Verwendung des freien Stiftungsvermögens
Die der Sitzungseinladung beigelegten Unterlagen zur Übertragung eines Teils des freien Stiftungsvermögens auf die individuellen Konten der Versicherten werden ausführlich diskutiert.
Beschluss: Von den CHF XXX Mio sind CHF XXX Mio auf die Versicherten aufzuteilen. XX % davon (XX Mio.) sind auf die Konten der Versicherten zu übertragen, XX % (XX Mio.) als Einmalzahlung an die Rentenbezüger auszuschütten.
Herr Bertschinger wird beauftragt, einen entsprechenden Verteilplan auszuarbeiten und dem Stiftungsrat zum Beschluss vorzulegen. Für die Aufteilung an die Versicherten soll zu XX % das Dienstalter und zu XX % das vorhandene Alterskapital berücksichtigt werden.
Die Kapitalübertragung sollte Mitte Jahr erfolgen können. Die Auszahlung an die Rentenbezüger wird aus steuerlichen Gründen in zwei Tranchen per 1. Juli 20.. und 1.1.20.. vorgesehen.

7. Verschiedenes
7.1 Zinssatz 20..
In Anbetracht der guten Ertragslage und der Grösse des freien Stiftungsvermögens beschliesst der Stiftungsrat, den Zinssatz für die Verzinsung des Alterskapitals für das Jahr 20.. von XX % auf XX % zu erhöhen.

Die nächste Stiftungsratssitzung findet am Mittwoch, 14. August 20.. um 16.00 Uhr im Sitzungszimmer 133 statt.

Schluss der Sitzung, 17.15 Uhr

Das Protokoll wurde erstellt am 12. April 20..

Der Präsident:

Karl König

Für das Protokoll:

Hans Marusi

8 Prüfungsaufgaben

Prüfungsaufgaben

Hinweise	1. Sie dürfen ein Rechtschreibwörterbuch, nicht aber eine Textsammlung (weder Schriftstück noch elektronischen Speicher) verwenden. 2. Bei jeder Aufgabe sind Brief 1 und Brief 2 zu lösen. 3. Die beiden Briefe sollen – trotz knapper Ausdrucksweise – zusammen mindestens 20 ganze Textzeilen umfassen.
Aufgabe A	Als Sachbearbeiter oder Sachbearbeiterin in der Buchhaltung müssen Sie eine dritte (letzte) Mahnung an einen heiklen Kunden schreiben. Dabei schildern Sie den Mahnverlauf, fordern zur Zahlung auf, drohen Betreibung an – all dies mit dem Ziel, dass der Kunde endlich seinen Verpflichtungen nachkommt.
Brief 1	Verfassen Sie diese massgeschneiderte Mahnung. **Ziele > Überweisung erhalten, Kunden nicht verlieren.**
Brief 2	Rollenwechsel: Sie beantworten diese dritte Mahnung im Sinn der gemahnten Unternehmung. Sie schildern gut begründet, weshalb Ihre Überweisung nicht termingerecht erfolgt ist. Der letzte Zahlungstermin kann eingehalten werden. **Ziel > Verständnis/Glaubwürdigkeit erwirken.**
Aufgabe B	Von Ihrer/Ihrem Vorgesetzten erhalten Sie den Auftrag, Angebote einzuholen für die Computerschulung am Arbeitsplatz. Gewünscht ist Gruppen- sowie Einzelunterricht nach Bedarf. Grosser Wert wird auf das Preis-Leistungs-Verhältnis gelegt.
Brief 1	Verfassen Sie die Anfrage an einen Anbieter. Lassen Sie durchblicken, dass Sie verschiedene Angebote miteinander vergleichen werden. **Ziel > Massgeschneidertes Angebot erhalten.**
Brief 2	Rollenwechsel: Sie sind Anbieter von Computerkursen. Ihre Preise bewegen sich erfahrungsgemäss gegenüber der Konkurrenz im höheren Bereich. Sie arbeiten eine detaillierte Offerte aus (nur als Beilage erwähnen) und begründen Ihre relativ hohen Preise im Begleitbrief. Erstellen Sie den Begleitbrief zum ausführlichen Angebot. **Ziel > Kunden gewinnen.**

Prüfungsaufgaben

Aufgabe C	Der Berufsbildner stellt ein Gesuch an die Kaufmännische Berufsfachschule. Er möchte aus bestimmten Gründen ein Lehrlingslager während der Schulzeit durchführen. Deshalb bittet er die Schulleitung, seine Lernenden während einer Woche zu beurlauben.
Brief 1	Erstellen Sie das gut begründete Gesuch. **Ziel > Alle Lernenden können am Lager teilnehmen.**
Brief 2	Der Berufsbildner erstellt für den Personalchef einen Bericht über das Lager. Im Begleitbrief dazu sind zwei positive Punkte aufgeführt sowie zwei Bereiche, die verbessert werden müssen. Verfassen Sie den Begleitbrief zum Lagerbericht. (Bericht nur als Beilage erwähnt). **Ziel > Künftige Lager für Lernende optimieren/verbessern.**
Aufgabe D	Sie sind Mitglied des Organisationskomitees «10 Jahre XY» und wollen das Jubiläum Ihrer erfolgreichen Firma u. a. mit einem Fest für die Mitarbeiterinnen und Mitarbeiter sowie deren Angehörige feiern.
Brief 1	Laden Sie die einzelnen Mitarbeiterinnen und Mitarbeiter und deren Lebenspartnerinnen und -partner mit einem persönlichen Brief ein. Würdigen Sie gleichzeitig den grossen Einsatz aller am Erfolg Beteiligten. Anmeldung erforderlich. **Ziel > Alle nehmen am Fest teil.**
Brief 2	Rollenwechsel: Als Mitarbeiterin oder Mitarbeiter sind Sie ausgerechnet an diesem Datum verhindert. Schreiben Sie der Geschäftsleitung eine Absage, in der Sie zugleich Glückwünsche aussprechen und für die gute Zusammenarbeit danken. **Ziel > Verständnis wecken und das gute Arbeitsverhältnis erhalten.**
Aufgabe E	Ein Stammkunde/eine Stammkundin hat sich über die mangelhafte Ausführung eines Auftrages beschwert. Er/sie droht mit dem Abbruch der Geschäftsbeziehungen.
Brief 1	Verfassen Sie eine überzeugende Antwort und begründen Sie – aus der Sicht des Verkäufers – den Sachverhalt. Dem Problemlösungsvorschlag des Kunden/der Kundin kann nur teilweise entsprochen werden. **Ziel > Stammkundin/Stammkunde nicht verlieren.**
Brief 2	Rollenwechsel: Als Stammkundin/Stammkunde zeigen Sie sich nicht kompromissbereit und beharren auf Ihrem ursprünglichen Vorschlag. **Ziel > Unternehmung zur einwandfreien Ausführung des Auftrages verpflichten.**

Aufgabe F	Ihre Firma bezieht neue Büroräumlichkeiten. Als Projektleiter/in sind Sie für das Einrichten der neuen Räume verantwortlich. Eine Woche vor Bezugstermin fehlt noch das Mobiliar für den Sekretariatsbereich. Obschon Sie bereits mehrmals die Lieferfirma telefonisch gemahnt haben, fehlen die bestellten Einrichtungsgegenstände nach wie vor. Liefertermin war vor zwei Wochen.
Brief 1	Schreiben Sie dem Lieferanten einen Brief, und halten Sie einen neuen, verbindlichen Termin für die Lieferung fest. **Ziel > Ware ist zwei Tage vor Bezugstermin im Büro geliefert und montagebereit.**
Brief 2	Der Lieferant antwortet: Er versteht den Ärger und sichert eine Lieferung inkl. Montage bis spätestens zum gesetzten Termin zu. Zudem kommt er mit einem Zeichen dem Kunden/der Kundin entgegen. **Ziel > Geschäftsbeziehung aufrechterhalten/Versöhnung.**
Aufgabe G	Als Sachbearbeiter/in organisieren Sie das Fest zum 50-jährigen Bestehen Ihrer Firma. Sie klären bei der Gemeinde ab, ob es möglich ist, die Parkplätze auf dem Dorfplatz für den Anlass zu benutzen. Zudem möchten Sie eine Anzahl Festbänke für den Anlass bei der Gemeinde mieten.
Brief 1	Schreiben Sie ein entsprechendes Gesuch. **Ziel > Parkplätze und Festbänke für das Jubiläumsfest erhalten.**
Brief 2	Die Gemeinde ist gerne bereit, Ihren Anlass zu unterstützen. Sie möchte aber, dass Sie zwei Punkte bei der Organisation/Durchführung berücksichtigen: a) dass Sie den Sicherheitsdienst (Feuerwehr) bei der Einweisung der Fahrzeuge aufbieten; b) dass Sie die Festbänke selber holen und in tadellosem, sauberem Zustand zurückbringen (Mietpreis festlegen). **Ziel > Gemeinde bekräftigt ihre Auflagen, damit die Organisatoren sich daran halten.**

9 Anhang

Die folgenden Geschäftsbriefe stellen Beispiele dar, die innerhalb einer Korrespondenzlektion erarbeitet werden sollen. Deshalb wird bewusst auf die Gestaltung des Firmenkopfes verzichtet. Die Briefköpfe können von den Lernenden individuell gestaltet werden.

Carlo Truffer, Hafnermeister
Chrottegässli 12, 3065 Bolligen
Fon 031 877 85 10, Fax 031 877 86 17, Mobile 079 445 77 11

20. Juni 200...

Renggli AG
Herr Hans Witschi
St. Georgstrasse 2
6210 Sursee

Anfrage – Anbau nach Minergie-Standard

Sehr geehrter Herr Witschi

Kürzlich habe ich das neue Heim unserer Nachbarn besichtigen dürfen. Das Haus, welches Ihre Firma in Minusio erstellt hat, gefällt mir sehr! Deshalb wende ich mich ebenfalls an Sie!

Meine Werkstatt, wo kunstvolle Öfen hergestellt werden, platzt aus allen Nähten und ich habe beschlossen, das Büro in einem Anbau unterzubringen, um mehr Raum für die Produktion zu schaffen. Zu diesem Zweck muss ich allerdings das bestehende Haus mit einem Baukörper ergänzen. Gerne möchte ich diesen nach Minergie-Richtlinien erstellen lassen. Einen Plan der bestehenden Liegenschaft lege ich Ihnen zur Veranschaulichung bei.

Gegenwärtig kläre ich mit der Gemeinde die Auflagen ab, damit ich so bald als möglich die Baueingabe vorbereiten kann; mir schwebt ein 2-geschossiges Gebäude mit 4 Räumen zu jeweils 15–18 m^2, einer kleinen Küche und 2 WC/Duschen vor. Kann ich in meiner Nähe möglicherweise ein ähnliches Objekt besichtigen? Wann können Sie für eine Besichtigung der Gegebenheiten vorbeikommen?

Bitte lassen Sie mir vorgängig einige Prospekte von Anbauten zukommen, die sich für Arbeitsräume eignen. Speziell interessieren mich auch Ihre Liefer- respektive Produktionsfristen und der Kostenrahmen für ein derartiges Projekt.

Natürlich möchte ich bald mit dem Bau beginnen, wenn mir die Gemeinde grünes Licht für mein Vorhaben gibt. Deshalb bin ich dankbar, wenn Sie rasch mit mir Kontakt aufnehmen. Sie erreichen mich tagsüber unter den oben aufgeführten Telefonnummern. Ihrem Besuch wie auch den Unterlagen sehe ich gespannt entgegen.

Freundliche Grüsse

C. Truffer
Carlo Truffer

– Gebäudeplan

Jürg Affolter
Brüggwiler
6004 Luzern

Frau
Anna Weber
Merbach AG
Kreuzackerstrasse 2
2544 Bettlach

3. September 20..

Anfrage – Klubtrainer mit Klubwappen

Sehr geehrte Frau Weber

Ihr Werbeprospekt «Merbach AG» (Ausgabe August 20..) hat uns angesprochen. Wir sind ein Fussballverein und veranstalten im November unser traditionelles Weihnachtsturnier. Wie jedes Jahr überreichen wir den Gewinnern einen aussergewöhnlichen Preis.

Wir wollen die Sieger mit Klub-Trainingsanzügen überraschen. Diese sollten in der Grösse «L» geliefert werden und das Klubwappen auf der Rückenpartie tragen. Bitte nehmen Sie die beigelegte Abbildung als Vorlage.

In Ihrem Katalog finden Sie auf Seite 7 das gewünschte Modell, welches unserer Vorstellung in Preis, Qualität und Ausführung entspricht (Farbe: blau-gelb). Bitte unterbreiten Sie uns bis Ende Monat ein verbindliches Angebot, damit wir dieses an der nächsten Vereinsversammlung (7. Oktober 20..) vorstellen können.

Die Offerte senden Sie direkt dem Kassier (Ueli Häfliger, Kreuzweg 64, 6006 Luzern). Er wird nach der Vereinsversammlung mit Ihnen Kontakt aufnehmen. Wenn Sie weitere Informationen benötigen, ist Herr Häfliger, Telefonnummer 041 250 65 23, Ihr Ansprechpartner. Sie erreichen ihn zu den üblichen Bürozeiten.

Freundliche Grüsse

J. Affolter

Jürg Affolter

– Abbildung (Klubwappen)

Protecca AG, Unterstände, Garagen, Veloständer
Rüttiweg 9, 3073 Ostermundigen, Fon 031 878 34 22

Herr
Paul Minder
Buchenweg 15
3074 Muri b. Bern

10. Juni 20..

Unterstand für 2 Autos – Angebot

Sehr geehrter Herr Minder

Am vergangenen Donnerstag haben Sie sich mit Herrn Auermann, dem zuständigen Mitarbeiter, getroffen; Sie möchten einen Autounterstand erstellen lassen. Es freut uns sehr, dass Sie sich für unsere Produkte interessieren!

Sie gedenken Ihren Autoabstellplatz in eleganter Form zu überdachen. Die bauseits zu erbringenden Vorleistungen haben Sie bereits erledigt. Einer Holzkonstruktion haben Sie im Gespräch den Vorzug gegeben; unser verbindliches Angebot trägt diesem Umstand Rechnung:

Variante Bergamo
Holzkonstruktion, vorgefertigt, auf 6 Pfeilern, weiss gestrichen,
inkl. verzinktem Dachrand, Ablauf, Kiesbett und Mehrjahresbegrünung   CHF 15 000.–

Variante Brescia
Holzkonstruktion, vorgefertigt, auf 5 Pfeilern, grau gestrichen,
inkl. verzinktem Dachrand, Ablauf und Kiesbett   CHF 12 000.–

Unsere Preise verstehen sich einschliesslich Montage vor Ort, jedoch ohne Transportkosten; sie behalten ihre Gültigkeit bis Ende Juli 20..

Lieferfrist   30 Tage nach Eingang Ihres Auftrages
Zahlung   15 Tage, 2 % Skonto; 30 Tage, netto

Sollten Sie sich für einen unserer Unterstände entscheiden, sichern wir Ihnen schon heute eine einwandfreie und termingerechte Ausführung der Arbeiten zu. Gerne erwartet Herr Auermann Ihren Anruf, falls sich noch Fragen zu unserem Angebot ergeben.

Freundliche Grüsse

Protecca AG

ppa. *S. Martino*

Silvio Martino, Geschäftsführer

Lüthi AG, Musikgeschäft, Mittelstrasse 3, 8610 Uster
Telefon 01 816 73 41, Fax 01 816 73 51, luethi@piano.ch

Herr
Thomas Brupbacher
Feldstrasse 24
8320 Fehraltorf

27. März 20..

Ihre Anfrage vom 20. März

Sehr geehrter Herr Brupbacher

Vielen Dank für Ihr Interesse an unseren Instrumenten. Gerne unterbreiten wir Ihnen ein vorteilhaftes und verbindliches Angebot.

Letzte Woche wurde uns ein äusserst gut erhaltenes Klavier der renommierten deutschen Marke STEINGRAEBER geliefert. Je nach Mass des Pianos lässt sich die «Silent»-Einrichtung nicht immer installieren, doch bei diesem Instrument war es möglich. Das bedeutet, dass Sie – ganz nach Ihrem Wunsch – den Klang im Raum hören oder nach Einschalten einer Taste auf Kopfhörer umleiten können.

Der Preis für dieses Instrument beträgt CHF 5000.– (inkl. 7,6 % MwSt). Sind Sie vielleicht an einem Miet-Kauf-Vertrag interessiert? So sind Sie nicht verpflichtet, das Klavier sofort zu kaufen, sondern können es ein Jahr lang zu einem monatlichen Zins von CHF 85.– mieten. Erst nach Ablauf des Mietjahres entscheiden Sie sich für einen allfälligen Kauf, wobei Ihnen die bezahlte Miete abzüglich 5 % angerechnet wird.

Klaviertransporte sind heikel, das wissen Sie bestimmt. Wir bieten Ihnen diese Dienstleistung für CHF 750.– an. In diesem Preis ist auch das Stimmen inbegriffen.

Entscheiden Sie sich noch heute, dann profitieren Sie zusätzlich von unserem Sonderrabatt für Sommerbestellungen.

Freundliche Grüsse

Lüthi AG

C. Christen
Carla Christen

FAMBA Baugenossenschaft
Philippe Sandino
Bümplizstrasse 45
3007 Bern

25. Juni 20..

Schottoni Storen AG
Frau Susanne Greinder
Rosenweg 78
8008 Zürich

Metallstoren – Bestellung

Sehr geehrte Frau Greinder

Für das detaillierte Angebot vom 15. Juni 20.. danken wir bestens. Ihre Modelle sprechen unsere Baufachleute in allen Belangen wirklich an! Auch erscheinen uns die Lieferbedingungen für den geplanten Umbau der Liegenschaft Meisenweg 15 in 3035 Langnau ideal; speziell begrüssen wir Ihre kurze Lieferfrist!

Unsere Bestellung

Anzahl	Artikel-Nr.	Beschreibung	Masse	Stückpreis	Gesamtpreis
20	57-116	Lamellen-Aussenstoren, Metall, mit Handkurbel	180 x 220 cm	CHF 287.–	CHF 5740.–
10	58-116	Lamellen-Aussenstoren, Metall, mit Automatik	90 x 220 cm	CHF 220.–	CHF 2200.–
30	52-248	Lamellen-Innenstoren, Metall, mit Schnurzug	110 x 220 cm	CHF 140.–	CHF 4200.–

Zahlung 10 Tage, 2 % Skonto, 30 Tage netto

Lieferung Bitte weisen Sie Ihren Camionneur an, die Storen zwischen dem 15. und dem 20. Juli 20.. an der oben erwähnten Adresse bei Herrn Moretti, unserem Bauführer, abzugeben. Er wird die Montage im Anschluss mit seinen Fachleuten koordinieren.

Ihre Auftragsbestätigung erwarten wir in den nächsten Tagen, vielen Dank.

Freundliche Grüsse

FAMBA Baugenossenschaft

P. Sandino

Philippe Sandino, Geschäftsführer

hep
der bildungsverlag
www.hep-verlag.ch

Herr
Michael Sommer
Sonnmatt
7001 Chur
Fax +41 (0)81 327 13 50

23. Januar 20..

Korrigierte Fassung

hep verlag ag
Brunngasse 36
Postfach
3000 Bern 7

Sehr geehrter Herr Sommer

Wie mit Peter Egger vereinbart, erhalten Sie morgen per Post die korrigierte Fassung für folgende Werke:

Göldi   Handbuch Kommunikation
Gasser Lehrbuch Didaktik

Die definitive Version der Umschläge ist noch nicht bei uns angekommen. Wir wollen nicht ins Hintertreffen geraten, damit der Erscheinungstermin eingehalten werden kann. Bitte lassen Sie uns diese per Fax bis Ende der Woche zukommen.

Tel. 031 310 29 29
Fax 031 312 44 45
Info@hep-verlag.ch

Freundliche Grüsse

Andreas Tschöpe

Blumen Création
Susanne Braun
Brünnenstrasse 88
3600 Thun

Einschreiben

Haller AG
Blumen und Pflanzen en gros
Frau Karin Haller
Seedorfweg 12
3012 Bern

24. März 20..

Widerruf der Bestellung

Sehr geehrte Frau Haller

Heute Morgen habe ich Ihnen telefonisch mitgeteilt, dass meine Bestellung vom 22. des Monats hinfällig geworden ist. Ich bitte Sie deshalb, mir die 60 weissen Lilien und 30 Mohnblumen nicht zu liefern.

Ein Todesfall in der Familie veranlasst mich, mein Geschäft für die nächsten vierzehn Tage zu schliessen und sofort zu meiner Familie nach Hamburg zu fahren, um die Beerdigungsformalitäten zu erledigen. Die bestellten Blumen waren für einen Grossauftrag gedacht, den ich unter den gegebenen Umständen nicht erfüllen kann und an einen Kollegen weitergegeben habe.

Dass ich nun für die bestellte Ware keine Verwendung habe, werden Sie bestimmt verstehen. Selbstverständlich können Sie zu einem späteren Zeitpunkt wieder mit meinen Bestellungen rechnen.

Für das Verständnis danke ich Ihnen.

Freundliche Grüsse

Blumen Création

Susanne Braun

– Kopie des Bestellscheins

Blumen Création
Susanne Braun
Brünnenstrasse 88
3600 Thun

Der Brief als Fax

Fax 031 302 48 57

Haller AG
Blumen und Pflanzen en gros
Frau Karin Haller
Seedorfweg 12
3012 Bern

24. März 20..

Widerruf

Sehr geehrte Frau Haller

Heute Morgen habe ich Ihnen telefonisch mitgeteilt, dass meine Bestellung vom 22. des Monats hinfällig geworden ist. Ich bitte Sie deshalb, mir die 60 weissen Lilien und 30 Mohnblumen nicht zu liefern.

Ein Todesfall in der Familie veranlasst mich, mein Geschäft für die nächsten vierzehn Tage zu schliessen und sofort zu meiner Familie nach Hamburg zu fahren, um die Beerdigungsformalitäten zu erledigen. Die bestellten Blumen waren für einen Grossauftrag gedacht, den ich unter den gegebenen Umständen nicht erfüllen kann und an einen Kollegen weitergegeben habe.

Dass ich nun für die bestellte Ware keine Verwendung habe, werden Sie bestimmt verstehen. Selbstverständlich können Sie zu einem späteren Zeitpunkt wieder mit meinen Bestellungen rechnen.

Für das Verständnis danke ich Ihnen.

Freundliche Grüsse

Blumen Création

Susanne Braun

– Kopie des Bestellscheins

Garage Emil Meinard
Loryweg 5
3007 Bern

Technomilling
Herr Ulrich Hegi
Hauptstrasse 12
3600 Thun

17. November 20..

**Der Winter kommt – wir warten …
Wo bleibt Ihre Lieferung?**

Sehr geehrter Herr Hegi

Vor einem Monat habe ich 5 Kartons Sechskant-Radschrauben Molinari bei Ihnen bestellt. Sie haben mir zugesichert, diese bis spätestens 12. November zu liefern. Bis heute habe ich die Schrauben nicht erhalten. Das bringt mich in Schwierigkeiten! Was ist passiert?

Bitte lassen Sie mir die 6-Kanter bis spätestens 20. November zukommen. Meine Kunden möchten den Radwechsel jetzt vornehmen. Dazu brauche ich die Schrauben, da immer wieder welche fehlen und der Kunde auf sofortigen Ersatz angewiesen ist.

Sie haben sich weder telefonisch gemeldet noch eine Verzögerung bei der Lieferung schriftlich angekündigt. Das verstehe ich nicht, und Ihre Haltung enttäuscht mich, zumal ich ein langjähriger, pünktlich zahlender Kunde bin.

Ich rechne fest damit, dass die 5 Schachteln bis 20. November bei mir eintreffen. Sollten Sie diesen Termin nicht einhalten, muss ich mich nach einem anderen Lieferanten umsehen. Ich hoffe, Sie ersparen mir diesen Schritt!

Freundliche Grüsse

Emil Meinard

– Kopie Ihrer Auftragsbestätigung

Hans Marusi
Bummi 2
3074 Muri

Catering-Service Malibu
Herr Jürg Windisch
Bühlweg 48 d
3073 Gümligen

2. November 20..

Einweihung der neuen Werkstatt

Sehr geehrter Herr Windisch

Am 20. Oktober haben meine Frau und ich mit Ihnen alle Einzelheiten, die unsere Feste vom 31. Oktober betrafen, besprochen; wir vereinbarten, dass Sie sich um das Catering kümmern. Per Fax haben Sie uns die Lieferung der Kürbissuppe für 28 Personen ins Gemeindehaus Muri auf 22 Uhr zugesichert. Wir verstehen deshalb nicht, warum Sie uns ohne jegliche Meldung im Stich gelassen und nicht geliefert haben!

Gegen 22.30 Uhr, alle Gäste waren schon ziemlich ungeduldig, haben wir uns in der Not an «Pizza Veronesi» gewandt und innerhalb von 35 Minuten 22 Mini-Pizzen erhalten – ein willkommener warmer Imbiss, den Kinder wie Erwachsene sehr schätzten. Natürlich musste ich dafür einen höheren Preis bezahlen als für einen Teller Suppe.

Gemäss meiner Abrechnung ergeben sich für uns Mehrkosten von CHF 85.50. Die entsprechenden Unterlagen habe ich zusammen mit einem Einzahlungsschein beigelegt. Ihre Überweisung erwarte ich in den nächsten Tagen.

Bisher bin ich mit Ihrem Service stets zufrieden gewesen; diesmal haben Sie mich allerdings mehr als enttäuscht.

Freundliche Grüsse

Hans Marusi
Hans Marusi

– Abrechnung
– Quittung, EZ

Saronno SA
15, rue du Rhône
2500 Bienne

Einschreiben

WALTIS AG
Frau Ursina Magalan
Lötschbergstrasse 34
3700 Spiez

22. November 20..

**Büromöbel USM
Ihre Lieferung vom 19. November 20..**

Sehr geehrte Frau Magalan

Am letzten Freitag haben wir die bestellten 10 Rollboys wie angekündigt erhalten; besten Dank für Ihre pünktliche Lieferung.

Bei der Eingangskontrolle ist uns aufgefallen, dass
– mehrere Schubladen ausgesprochen schlecht laufen,
– einige Griffe bereits zerkratzt sind
– die Farbe von 3 Möbeln grosse Differenzen zu den anderen 7 aufweist (siehe Foto).

Wir erwarten, dass die beanstandeten Griffe und Laufschienen ersetzt werden. Wann kann Ihr Monteur bei uns vorbeikommen?

Zu den Farbdifferenzen: Diese werden wir wohl in Kauf nehmen müssen, doch erscheint uns ein Preisnachlass von 10 % angemessen, nicht zuletzt auch deshalb, weil wir bisher ausgesprochen gute Geschäftsbeziehungen gepflegt haben und Sie uns als fristgerecht zahlenden Kunden kennen.

Vielen Dank für Ihre rasche Antwort.

Freundliche Grüsse

Saronno SA

ppa. Maria Giovannini

– Foto

Coop Früchte und Gemüse, Schwarzenburgstrasse 124, 3006 Bern
Fax 0041 31 371 25 08
coopfruit.be@coop.ch

Fax-Mitteilung

Fax 0039 74 34 57 79
Italfruit SpA
Signora Antonia Sanchiara
Frutta e Verdura
I-12346 Catania

7. April 20..

Früchte aus Sizilien – Beanstandung

Sehr geehrte Frau Sanchiara

Pünktlich haben wir heute Morgen Ihre Lieferung Erdbeeren erhalten; besten Dank. Wie bereits telefonisch mitgeteilt, erlebten wir bei der Kontrolle der Früchte eine böse Überraschung: Rund ein Drittel der 40 Cageots Erdbeeren waren schimmlig! Die Expertisen-Fotos und den Kurzbericht unseres Mitarbeiters, Herrn Mollet, erhalten Sie in zweifacher Ausfertigung per Post.

Stunde um Stunde verlieren die Beeren an Wert. Wir müssen also rasch handeln und eine Lösung finden. Deshalb unterbreiten wir Ihnen folgenden Vorschlag: Noch heute bieten wir die Früchte im Rampenverkauf an, wo nicht ganz einwandfreie, preisreduzierte Ware direkt an Detailkunden verkauft wird, zum halben Preis, d.h. CHF 2.–/ Körbchen. Sind Sie damit einverstanden?

Wir benötigen Ihre Stellungnahme per Fax oder E-Mail in den nächsten 2 Stunden.

Das nächste Mal erwarten wir wiederum eine einwandfreie Lieferung!

Freundliche Grüsse

COOP Früchte und Gemüse

i. V. Heinz Oberli

WALTIS AG
Lötschbergstrasse 34
3700 Spiez

Saronna SA
Frau Maria Giovannini
15, rue du Rhône
2502 Biel

27. November 20..

Büromöbel USM
Ihre Beanstandung vom 22. November 20..

Sehr geehrte Frau Giovannini

Bei der Eingangskontrolle der 10 Rollboys ist Ihnen aufgefallen, dass
– mehrere Schubladen schlecht laufen,
– einige Griffe zerkratzt sind und
– die Farbe von 3 Möbeln grosse Differenzen zu den anderen 7 aufweist.

Wir verstehen, dass Sie enttäuscht sind. Schliesslich handelt es sich um ein Produkt, welches für erste Qualität bürgt und im oberen Preissegment angesiedelt ist; da sollten derartige Mängel nicht vorkommen. Bitte entschuldigen Sie!

Zu Ihrem Vorschlag:

1. Griffe und Laufschienen
    Natürlich werden wir Ihnen die beanstandeten Rollboys ersetzen. Der Monteur, Herr Urs Miltener, wird sich in den nächsten Tagen mit Ihnen in Verbindung setzen, um einen Termin zu vereinbaren.

2. Farbdifferenzen
    Diese lassen sich leider nicht ganz vermeiden; die entsprechende Information dazu finden Sie in unseren Bestellungsunterlagen. Um Ihnen dennoch entgegenzukommen, stimmen wir einem Preisnachlass von 5 % zu. Sind Sie damit einverstanden?

Wir versichern Ihnen, dass Derartiges nicht mehr vorkommt und Sie in Zukunft wieder auf einwandfreie Ware zählen können.

Freundliche Grüsse

WALTIS AG

U. Magalan

ppa. Ursina Magalan

Italfruit SpA
Antonia Sanchiara
Frutta e Verdura
I-12346 Catania

Fax-Antwort

Fax 0041 37 371 25 08
COOP Früchte und Gemüse
Herr Heinz Oberli
CH-3006 Bern

13. April 20..

Lieferung Erdbeeren, teilweise verdorbene Ware

Sehr geehrter Herr Oberli

Besten Dank für Ihre Fax-Mitteilung. Wir bedauern den Zwischenfall ausserordentlich! Trotz sofortiger, intensiver Nachforschungen ist es uns bisher nicht gelungen, den Grund für den Schimmelbefall herauszufinden. Sobald wir mehr wissen, werden Sie informiert.

Ihrem Vorschlag, die beanstandeten Beeren im Rahmen eines COOP-Rampenverkaufs zum Preis von CHF 2.–/Körbchen zu verkaufen, stimmen wir selbstverständlich zu. Vielen Dank für Ihr rasches Handeln.

Für die Unannehmlichkeiten, die Ihnen durch unsere mangelhafte Lieferung entstanden sind, bitten wir Sie um Entschuldigung. Inskünftig dürfen Sie wieder mit einwandfreier Ware rechnen. Als kleine Entschädigung haben wir unserem Chauffeur heute zusätzlich zu den bestellten Himbeeren «Maria-Chiara» 2 Cageots der Sorte «New Age» mitgegeben. Diese sind für Sie gratis. Hoffentlich munden sie Ihnen und dem Team!

Freundliche Grüsse

Italfruit SpA

Antonia Sanchiara

Försterei der Burgergemeinde Bern
Wylerstrasse 9
3018 Bümpliz

Herr
Pietro Santinos
Seefeldstrasse 25
3602 Thun

2. November 20..

2 Holzblumentröge – Unsere Rechnung Nr. 2368

Sehr geehrter Herr Santinos

Anfang September lieferten wir Ihnen die gewünschten Tröge und stellten Ihnen kurz darauf die Rechnung zu, die sich auf **CHF 860.–** beläuft. Wahrscheinlich haben Sie übersehen, dass die Zahlungsfrist von 30 Tagen am 20. Oktober abgelaufen ist.

Bitte überweisen Sie uns den ausstehenden Betrag bis spätestens **15. November**. Sollte es Gründe für Ihre Zahlungsverzögerung geben, dann sind wir dankbar, wenn Sie uns diese nennen, damit wir gemeinsam eine Lösung finden können.

Wir danken Ihnen für die fristgerechte Überweisung und grüssen Sie freundlich.

Burgergemeinde Bern

Alex Balmer

Alex Balmer, Oberförster

– Kopie der Rechnung Nr. 2368
– Einzahlungsschein

Technomilling AG
Hauptstrasse 12
3600 Thun

Einschreiben

ADAM-Touring
Herr Martin Bölzli
Badhausweg 5
3007 Bern

17. November 20..

**Letzte Mahnung
Unsere Zahlungsaufforderung vom 30. Oktober 20..**

Sehr geehrter Herr Bölzli

Vor etwas mehr als zwei Wochen haben wir Sie an die **offene Rechnung Nr. 5801** für die gelieferten Bremsscheiben erinnert und um Ihre Überweisung der **CHF 7850.– bis 10. November** gebeten. Bis heute haben Sie weder bezahlt noch eine Erklärung geliefert; was ist los? Ihr Stillschweigen irritiert uns sehr, haben wir doch bis anhin stets direkt und offen miteinander gesprochen!

Bitte begleichen Sie die Rechnung bis **spätestens 27. November**, denn nur so lässt sich eine Betreibung, die weder Ihnen noch uns angenehm wäre, vermeiden. Sollten Sie eine andere Lösung anstreben, erwarten wir Ihren sofortigen Vorschlag.

Freundliche Grüsse

Technomilling AG

U. Hegi

Ulrich Hegi, Geschäftsführer

– Kontoauszug
– Einzahlungsschein

Andrea Lerch
Im Kirschgarten 14
4410 Liestal
Tel. P. 061 413 15 20
Tel. G. 061 422 23 23

Bank Coop AG
Frau Franziska Brand
Amthausgasse 20
3001 Bern

22. Februar 20..

Stellenbewerbung

Sehr geehrte Frau Brand

Ihr Inserat im «Bieler Tagblatt» vom 20. Februar 20.. hat mich sehr angesprochen. Sie suchen eine Privatkundenberaterin für die Geschäftsstelle Biel. Ich glaube, Ihre «Teamplayerin» zu sein. Deshalb bewerbe ich mich um diese Stelle.

Im Juli dieses Jahres schliesse ich meine 3-jährige Banklehre ab. Ich empfand diese Zeit jedoch nicht als «Lehre», sondern fühlte mich als eine ins Team integrierte Mitarbeitern. Auf Grund meiner ungewöhnlichen Laufbahn (Matura, Studienbeginn, Lehre) war ich bei Lehrantritt wesentlich älter als die anderen Auszubildenden. Wohl auch deshalb erhielt ich die Möglichkeit, mehr Einblick in die einzelnen Tätigkeiten zu erhalten.

Bereits wenige Monate nach Lehrbeginn durfte ich meine Fähigkeiten am Beratungsschalter unter Beweis stellen. Dank meiner Sprachkenntnisse hatte ich keine Probleme, mit Kunden in Kontakt zu treten.

Im März dieses Jahres werde ich einen internen Kurs zum Thema Verkaufstraining besuchen. Ich bin nämlich überzeugt, dass die ersten Worte jedes Gesprächs der Grundstein für eine Kundenbeziehung sind. Weiter habe ich im Sinn, im Oktober 20.. mit der Ausbildung zur eidg. dipl. Finanzplanerin zu beginnen.

Gerne erwarte ich Ihre Einladung zu einem Gespräch. Ich bin gespannt darauf, «die sympathische Bank mit dem menschlichen Touch» kennen zu lernen.

Freundliche Grüsse

A. Lerch

Andrea Lerch   – Fähigkeitsausweis
                                                              – Arbeitszeugnis
                                                              – Personalienblatt

Personalienblatt

Personalien
Name   Lerch
Vorname   Andrea Karin
Adresse   Im Kirschgarten 14
PLZ/Ort   4410 Liestal
Telefon   061 413 15 20
Geburtsdatum   25. Juni 1992
Heimatort   Wynigen (BE)
Zivilstand   ledig

Schulen
Oktober 98–Februar 99   Beginn Studium 1 Semester Sekundarlehramt der Universität Bern
                        (Hauptfach Mathematik)
1993–Januar 98   Gymnasium Kantonsschule Basel (9.–13. Schuljahr)
1990–1993   Progymnasium an der Bezirksschule in Liestal
                        (6.–8. Schuljahr)
1989–1990   Sekundarschule Liestal (5. Schuljahr)
1985–1989   Primarschule Liestal (1.–4. Schuljahr)

Tätigkeiten
März 99–Mai 99   Abteilung Qualitätsprüfung/Kontrolle
Juli 98–September 98   Aushilfskraft bei der Firma Häni & Co. AG in Liestal,
Februar 98–Juni 98   Temporäranstellung als Datatypistin bei der Ausgleichskasse des
                        Kantons Solothurn in der Abteilung Leistungen (Individuelle
                        Prämienverbilligung)

Berufsausbildung
1999–2002   Kaufmännische Lehre bei der Bank Coop AG in Biel

Sprachen
Deutsch   Muttersprache
Französisch   Certificat de Français du Secrétariat (CFP)
Englisch   Cambridge First Certificate in English (FCE)
Italienisch   3 Jahre Italienisch-Kurs an der Kantonsschule Liestal
                        sowie 1 Monat Sprachaufenthalt in Mailand (Juni 99)

Hobbys   Leitertätigkeit beim Ski-Club Lengnau im Bereich Jugendförderung
                        Skilanglauf

Referenzen   Herr   Herr
                        Paul Hofer   Berthold Gerber
                        Leiter Private Banking   Leiter Private Banking
                        Bank Julius Bär, Bern   Bâloise Bank SoBa, Grenchen
                        Telefon G.: 031 350 50 51   Telefon G.: 032 645 20 32

Eintritt   1. August 20.. oder nach Vereinbarung

Arbeitszeugnis

Frau Ursula Moser, Zeughausweg 68, 3600 Thun, geboren am 18. Juli 1969, heimatberechtigt in Wil, war vom 01.08.1993 bis 18.06.2001 in unserer Abteilung Gartenmöbel als Verkäuferin und später als Rayonleiterin angestellt.

Wir haben sie als verantwortungsvolle und zuverlässige Mitarbeiterin kennen gelernt. Die ihr übertragenen Arbeiten und Pflichten hat sie stets gewissenhaft und zu unserer vollen Zufriedenheit ausgeführt.

Durch verschiedene betriebsinterne Kurse hat sie ihre Branchenkenntnisse erweitert. Sie war immer bestrebt, ihr Wissen auf den neusten Stand zu bringen, was ihr bei ihrer Beraterinnentätigkeit zugute kam.

Durch ihre Fachkompetenz und ihre angenehme Art überzeugte sie unsere Kundschaft. Es fiel ihr leicht, das Vertrauen unserer Käuferinnen und Käufer zu gewinnen, und sie war auch bei Mitarbeiterinnen und Mitarbeitern sehr beliebt. In Konfliktsituationen hat sie sich jeweils ehrlich, korrekt und sehr zuvorkommend verhalten.

Frau Moser verlässt uns auf eigenen Wunsch, was wir sehr bedauern. Wir wünschen ihr auf ihrem weiteren Lebensweg alles Gute. Sollte sich die Gelegenheit ergeben, würden wir sie jederzeit wieder bei uns einstellen.

Moosseedorf, 13. Juni 20..

INTERIO AG

ppa. Lotta Brechtbühl
Personalchefin

Andrea Gerber
Stationsstrasse 23
6003 Luzern

Einschreiben

BELTA AG
Frau Sabrina Dürrer
Personalchefin
Grabenweg 69
6006 Luzern

17. September 20..

Kündigung

Sehr geehrte Frau Dürrer

Anfang dieses Jahres habe ich die eidgenössische Fachprüfung für Direktionssekretärinnen erfolgreich absolviert und mich, auf Ihren Rat hin, nach einem anderen Wirkungskreis umgesehen. Es ist mir nun glücklicherweise gelungen, eine meinen Fähigkeiten entsprechende Arbeitsstelle zu finden. Deshalb kündige ich unser Arbeitsverhältnis auf 31. Dezember 20..

> Begründung für die Kündigung: fakultativ

Seit fünf Jahren bin ich in Ihrer Abteilung als Sekretärin tätig, und die Arbeit hat mir immer Spass gemacht. Das Vertrauen, das Sie mir geschenkt haben, war mir ein wichtiger Ansporn. Es fällt mir deshalb nicht leicht, das Unternehmen zu verlassen. Da sich aber keine meinen neuen Kenntnissen entsprechende Stelle in Ihrer Abteilung bzw. im Betrieb fand, sah ich mich gezwungen, mich anderweitig umzusehen. Dass Sie mich bei der Stellensuche unterstützt haben, ist nicht selbstverständlich, und ich bin Ihnen dafür und auch für die gute Zusammenarbeit in den vergangenen Jahren sehr dankbar. Für die Zukunft wünsche ich Ihnen und der BELTA AG alles Gute. Ich versichere Ihnen, meine Nachfolgerin oder meinen Nachfolger gut einzuarbeiten.

Bitte stellen Sie mir ein Arbeitszeugnis aus. Vielen Dank!

Freundliche Grüsse

Andrea Gerber

Compdisc
Rolf Lautermann
Tonisbachstrasse 13
8001 Zürich

Einschreiben

Frau
Marianne Winkelried
Brauneckweg 87
8007 Zürich

5. Juni 20..

Kündigung

Liebe Marianne

Wie wir dir bereits mündlich mitgeteilt haben, zwingt uns das rasante Wachstum unserer Firma, die Strukturen umzustellen. Das bedeutet: Der Empfang wird reorganisiert.

Wir beenden deshalb unser Arbeitsverhältnis auf Ende August 20..

Herzlichen Dank für dein grosses Engagement! Bitte unterbreite uns einen Entwurf deines Arbeitszeugnisses.

Für deine Zukunft wünschen wir dir alles Gute. Selbstverständlich unterstützen wir dich – falls du das wünschst – bei der Suche nach einer neuen Stelle.

Freundliche Grüsse

Compdisc

Ursula-Andrea Müller Graber   Rolf Lautermann

Boutique Bella Donna
Erikastrasse 12
9000 St. Gallen

Frau
Maria Meier
Mittelstrasse 4B
9500 Wil

30. Januar 20..

Einladung – Eröffnung der neuen Saison
Lassen Sie sich überraschen!

Sehr geehrte Frau Meier

Bereits ist der düstere und kalte Monat Januar vorbei, und langsam weicht die Finsternis am Morgen und am Abend. In uns macht sich die erste Freude auf den Frühling bemerkbar. Gerne geben wir dieser Freude Ausdruck und laden Sie zu einer kleinen Modeschau ein:

**Freitag, 25. Februar, 17.30 Uhr,
in der Boutique Bella Donna, Erikastrasse 12, 9000 St. Gallen**

Wir präsentieren Ihnen unsere fröhlich-leichte Frühlingskollektion – lassen Sie sich von der neuen Farbenwelt berauschen! Befühlen Sie die weichen und fliessenden Stoffe! So viel verraten wir Ihnen bereits jetzt: Die neuen Schnitte sind äusserst figurfreundlich und verspielt. Um dieses sinnliche Vergnügen abzurunden, offerieren wir nach der Vorführung einen Apéro. Sie werden nicht nur von der neuen Mode, sondern auch von der schmackhaften und prickelnden Bowle «Bella Donna» und den mundenden Häppchen begeistert sein!

Neugierig geworden? Mit dem beigelegten Talon können Sie sich und je nach Wunsch auch Ihre Freundin oder Ihren Partner bis **20. Februar** direkt anmelden.

Wir freuen uns auf Ihr Kommen!

Freundliche Grüsse

Boutique Bella Donna

Bella Bartoli
Bella Bartoli

– Anmeldetalon

Caroline Brand
Mauergässchen 4
6340 Baar

hardcomp AG
Herr Marc Mühlemann
Bahnhofstrasse 12
6300 Zug

5. März 20..

Tag der offenen Tür

Sehr geehrter Herr Mühlheim

Vielen Dank für die freundliche Einladung! Sehr gerne hätte ich am 5. April die renovierten Räumlichkeiten besichtigt und beim Apéro mit Ihnen angestossen; leider muss ich absagen. Ich nehme an diesem Tag an einem Kongress in Lugano teil.

Wie ich der beigelegten Broschüre entnehme, haben Sie die neusten handlichen Laptops in Ihr Sortiment aufgenommen. Da ich beruflich viel unterwegs bin und oft im Zug arbeite, möchte ich mein altes Gerät durch ein leichteres Modell ersetzen.

Gerne setze ich mich Mitte April mit Ihnen in Verbindung, um einen Termin für eine Beratung zu vereinbaren. Viele fruchtbare Kundenkontakte Ihnen und Ihrem Team, damit der «Tag der offenen Tür» für alle ein Erfolg wird!

Freundliche Grüsse

Caroline Brand
Caroline Brand

Franziska Meier
Fabrikstrasse 41
3012 Bern

Einschreiben

Eisenhut AG
Herr Paul Müller
Hungerbühlweg 4
3012 Bern

21. August 20..

**Gesuch
Bezahlter Urlaub vom 7. bis 28. November 20..**

Sehr geehrter Herr Müller

Seit einem halben Jahr arbeite ich zu 80 % in Ihrem Betrieb. In meiner Freizeit bereite ich mich an der WKS KV Bern auf die Berufsmaturität vor.

Diese Woche habe ich erfahren, dass die Parallelklasse einen dreiwöchigen Sprachkurs in Frankreich absolvieren wird, und zwar vom 7. bis 28. November in Dijon. Gerne möchte ich an diesem Sprachkurs teilnehmen. Wie Sie bereits beim Qualifikationsgespräch erwähnt haben, betrachten Sie diese Weiterbildung als ideal für mich, damit ich die Kunden aus dem Jura besser bedienen kann.

Dieses Jahr habe ich meine Ferien bereits bezogen; deshalb bitte ich Sie, mir drei Wochen bezahlten Urlaub zu bewilligen.

Gerne möchte ich nächste Woche mit Ihnen ein Gespräch über diesen Aufenthalt führen. Am kommenden Montag werde ich mich telefonisch bei Ihnen melden.

Freundliche Grüsse

F. Meier
Franziska Meier

Eisenhut AG
Paul Müller
Hungerbühlweg 4
3012 Bern

Frau
Franziska Meier
Fabrikstrasse 41
3012 Bern

25. August 20..

**Bezahlter Urlaub
Ihr Gesuch vom 21. August 20..**

Sehr geehrte Frau Meier

Mit Ihrem Brief bitten Sie um drei Wochen bezahlten Urlaub. Sie beabsichtigen in dieser Zeit einen Sprachkurs in Dijon zu absolvieren. Ich bin der Meinung, dass Sie und das Geschäft davon profitieren. Ihrem Begehren gebe ich also statt.

Ich unterstütze Sie gerne bei Ihrer Weiterbildung, knüpfe aber meine Zustimmung an zwei Bedingungen:

– Sie verpflichten sich, die nächsten zwei Jahre in unserem Betrieb tätig zu bleiben.
– Sie übernehmen nach dem Kurs die französische Korrespondenz.

Falls Sie mit meinem Vorschlag einverstanden sind, bitte ich Sie, bis 1. September mit Frau Karin Häberli Kontakt aufzunehmen. Sie wird mit Ihnen die Einzelheiten besprechen.

Viel Erfolg bei Ihrem Sprachaufenthalt.

Freundliche Grüsse

Eisenhut AG

P. Müller

Paul Müller

Urs Klauber
Müslinweg 27
3074 Muri

Einschreiben

Bauverwaltung der Gemeinde Muri
Herr Paul Zwahlen, Bauverwalter
Thunstrasse 44
3074 Muri

**Amtsanzeiger vom 10. Dezember 20.. – Einsprache
Baupublikation Nr. 22, Parzelle 7573**

Sehr geehrter Herr Zwahlen

Mein Nachbar, Herr Hansmartin Meliger, will auf seinem Grundstück einen zweiten Autounterstand errichten. Der oben erwähnten Publikation entnehme ich, dass er das entsprechende Baugesuch bei Ihnen eingereicht hat. Gegen dieses Vorhaben erhebe ich Einsprache.

Begründungen:

1. Mein Gartensitzplatz grenzt direkt an den Teil des Grundstücks von Herrn Meliger, den er für den zweiten Unterstand vorgesehen hat; der Blick auf die Berge wäre mir durch die geplante Holzwand völlig verwehrt. Damit bin ich nicht einverstanden, auch weil sich der Verkaufswert meiner Liegenschaft dadurch deutlich vermindern würde.

2. Die vorgesehene Höhe des Dachs entspricht nicht den Vereinbarungen, die wir im Rahmen eines gegenseitigen Näherbaurechts definiert hatten; die Maximalhöhe haben wir vor ca. 15 Jahren auf 2,6 m festgelegt (Kopie der beglaubigten Vereinbarung liegt bei); gemäss den Angaben im Baugesuch ist aber eine Höhe von 2,8 m vorgesehen. Diese Höhenüberschreitung stellt für mich klar einen Verstoss gegen unsere Vertragsvereinbarung dar.

Vielen Dank für die Überprüfung der Fakten! Ich hoffe, Sie heissen danach meine Einsprache gut und lehnen das Bauvorhaben von Herrn Meliger in der vorliegenden Form ab. Für Auskünfte stehe ich Ihnen zur Verfügung.

Freundliche Grüsse

Urs Klauber

Urs Klauber

– Kopie Vertrag gegenseitiges Näherbaurecht

Genossenschaftliche Quartier-Beiz «Höllerli»
Mittelstrasse 9
3007 Bern

Einschreiben

Gesundheitsinspektorat der Stadt Bern
Herr Kurt Bolliger
Junkerngasse 33
3011 Bern

3. Juni 20..

Einsprache gegen die Auflage des Gesundheitsinspektors

Sehr geehrter Herr Bolliger

Am 15. Mai 20.. haben Sie in meiner Küche die Lüftung kontrolliert und die Funktion der Ventilatoren geprüft. Im Anschluss haben Sie mir mitgeteilt, dass ich innerhalb der nächsten 4 Wochen den Antriebsmotor ersetzen muss. Gegen diese Auflage erhebe ich Einsprache.

Meine Begründung:

1. Vor 2 Jahren habe ich die gesamte Lüftungsanlage revidieren lassen; dies hat mich CHF 12 000.– gekostet. Eine Erneuerung des Motors beliefe sich nun nochmals auf CHF 4500.–, was mein diesjähriges Budget leider übersteigt.

2. Die gegenwärtige Wirtschaftslage wirkt sich auch auf meine Aufträge aus. So sind die Bestellungen in den letzten Monaten um fast 20 % zurückgegangen. Ich muss meine Ausgaben drastisch kürzen, um ein Defizit zu vermeiden. Eine Investition der erwähnten Grösse würde mich in finanzielle Schwierigkeiten bringen.

Ich schlage Ihnen vor, dass ich im Juli eine gründliche Reinigung mit Teilrevision, voraussichtliche Kosten ca. CHF 1000.–, vornehme und den Ersatz des Motors auf das kommende Jahr verschiebe.

Sind Sie mit diesem Vorschlag einverstanden?

Ich hoffe auf Ihre positive Antwort und grüsse Sie freundlich.

Genossenschaftliche Quartier-Beiz «Höllerli»

Céline Alder

Céline Alder, Geschäftsführerin